「伝わる言葉」が一瞬でみつかる方法

すごい言語化

木暮太一
KogureTaichi

ダイヤモンド社

はじめに　言語化は人生を「確実に」豊かにする

ぼくらはみんな、日々まじめに仕事をしています。ですが、その努力とは裏腹に望んでいることを実現できていません。

「明確に目標を立てれば、それは叶っていく」

そんなことも言われます。ぼくもその通りだと思います。

ただ、実際にはなかなかこれが難しい。目標を作ることが難しいのではなく、それを「明確にすること」が難しいんです。

たとえば、できるビジネスパーソンになりたいと語っている人がいました。想いとしてはわかります。ですが、「できるビジネスパーソン」とはどういう状態を指すのでしょうか？　営業成績がいい人のことを指すのか、周囲のメンバーから慕われる人のことを指すのか、もしくは有名企業に就職することをいっているのでしょうか？

できるビジネスパーソンになりたいという表現で、言葉にしているつもりになっていますが、じつは何も表せていません。そして何も表せていないから、どうすればその状態になれるかもわかりませんし、実際に何か行動に移すこともできません。

このように多くのケースでは、表現したつもりで表現できていないんです。これは言語化の問題です。ぼくらが使っている言葉は、じつはとても曖昧です。明確にしたつもりであっても、明確になっていない。だからいざ行動に移そうと考えても、何をしていいかわからなくなってしまうんです。

人は、自分の感覚のうち5%しか認識していない

人間は、自分の脳の3%しか使っておらず、自分の筋肉の20~30%しか使っていないと聞きます。人は自分が持っているものを活用しきっていないわけです。

そして、ハーバード大学のジェラルド・ザルトマン教授によれば、人間の意識の95%は言語化されていないそうです。感覚は持っていても、95%は自分で認識できずに「なんとなくそう思う」レベルになってしまっているということです。

ぼくらは自分の感覚を言語化していません。だからぼくらは自分で望んでいるものを手に入れられない。自分の実力が発揮しきれない。

しかし、残り95%の自分の感覚を言葉にできれば、自分が望んでいるものを自分で明確に把握できるようになります。自分が手掛けている仕事の意義も自分でしっかり理解できるようになります。

さらに、それを相手に伝えることができます。相手もあなたと同じように95%の感覚を認識できていません。あなたがいい仕事をしているのに、その95%は相手が実感してくれない。いい商品を提供しているのに、それが伝わっていません。認識できないものは存在しないのと一緒です。ぼくらが持っているものが100でも、言語化できているのが「5」であれば、それは「5」しかないのと一緒です。自分の実力を高め、200を持つようになっても、相手が認識するのはたった「10」です。非常にもったいなくないですか?

逆にいえば、実力が変わらなくても、これまでの倍を言語化して表現できるようになれば、それだけで「10」の価値が相手に見えるようになります。3倍にすれば「15」になります。

ぼくらは自分の内側の5%しか理解できずに生きてきました。そして、ぼくらの5%しか伝えられずに生きてきました。人生の多くの場面で、言語化がボトルネックになっていたわけです。

しかし同時に、最高のレバレッジポイントにもなります。言語化ができるようになれば、これまで伝わっていなかった自分の価値が伝わり、これまで気づけなかった要素に気づくことができます。そして「言語化」というひとつの能力を高めるだけで、仕事の成果が変わり、働き方が変わり、対人関係が変わっていきます。

ぼくらは言葉にする方法を教えてもらってこなかった

しかし、そんな大事な能力なのに、これまで手付かずで放置されてきました。ぼくらは、言語化に関して教えてもらったことがほとんどないのです。

ぼくらは小さい頃から「国語」を習っています。ですが、実際に何を勉強していたのかは正直わかりません。国語の授業があるだけで、漢字の読み書き以外、何か新しい知識を身につけた感覚はなく、何かできるようになった実感もありません。

ひとつ言えるのは、学校で習った国語は「読み取る力」を鍛えることに主眼が置かれていたことです。教科書を読んで、この文章の意味は何？　主人公の気持ちは？

筆者が最も言いたいことは？　など、読み取る力（「受信力」）をトレーニングしてきました。一方で、表現したり、自分の感情を言葉にしたり、相手に伝えたりする「発信力」はほとんど習っていません。

また、日本語では「以心伝心」「察する」「空気を読む」など、言葉にしなくても伝わることが善とされていることもあり、より言葉にする重要性が軽視されているようにも思います。

ぼくらは相手に伝える行為どころか、自分が伝えたいことを言葉にすることにも向き合ってこなかったのではないでしょうか。そして言葉で伝える必要性が小さくなれば、そもそも自分が考えていることを言葉にすることも不要になります。

こういう背景があり、ぼくらは言語化が苦手になっています。

だから言葉にできないんです。

欧米のコミュニケーション、プレゼン、広告などと比較すると、日本人のそれらはあまり言葉にできていない感がぬぐえません。トレーニングを受けてきた人種とそうでない人種はやはり違うんですよね。

でも言うまでもなく、言葉にしなければ伝わりません。特にビジネスでは、何も言わなくても商品を買ってほしいというのは相当に無理があります。言葉で伝えなければ伝わらないんです。

ぼくらはその言語化のトレーニングをこれまでしてきませんでした。しかしそれゆえに、大きなチャンスがあります。これまで何もやってこなかった分野なので、誰もが同じところからのスタートですし、身につけたら身につけただけ純粋にプラスになります。

言語化をせずにビジネスをしようとしている

これまでぼくらは言語化をせずにビジネスをしていました。

言語化のトレーニングをせずに営業をし、言葉をあまり意識せずに商品を説明しようとしていないでしょうか？　この状態で営業をしても「どう表現していいかわからないけど、とにかくいい商品なんです」のような紹介しかできません。

仮に商品が売れなかったとしても、それはぼくらの商品の質が低いからではありません。頑張っているのに認めてもらえないのは、努力が足りないからではありません。言語化できていないからです。

ぼくらはこれまでたくさん勉強し知識を仕入れてきました。社員研修で新しいスキルを身につけてきた方も多いでしょう。ですが、その身につけたものを5％しか言語化できていないとしたら？

言語化能力を身につけることができれば、あなたが持っているものの残り95％を相手に伝えることができます。今のあなたのままで、今の会社組織のままで、今の商品のままで、あなたの人生は「確実に」豊かになります。

言語化できている人を見て、自分も言語化できるようになりたい、周囲の人たちもちゃんと言葉にして表現してほしいと感じることはありませんか？　お互いにしっかり言語化して会話できるようになったら、どれだけトラブルが減り、どれだけ仕事がスムーズになるでしょうか。

言語化能力は、センスではありません。考え方とフォーマットを身につけさえすれば、誰でも自分の頭の中を言語化させることができます。

本書を通じて、自分の中の感覚を言語化できる喜びを一人でも多くの方に感じてもらえたら、本当にうれしいです。

木暮太一

目次

序章

「言語化」されないと、何が起こる？

第1章

そもそも「言語化」とは何か？

第2章

語彙力、センス不要の「すごい言語化」

第3章 「すごい言語化」を自分のものにする

第4章 すごい言語化で「意味がある言葉」を作る

第5章 すごい言語化で「自分の感覚」を言語化する

序章

「言語化」されないと、何が起こる？

「なんかうまくいかない」根本的な理由

頑張っているのに上司に小言を言われてばかりいたり、いい商品を作ったはずなのに顧客に提案しても反応が良くない。そもそも毎日の仕事がつまらない。

いろいろスキルを身につけてきたのに、イマイチ成果につながっていない気がする。

ぼくらは仕事をしている中で多くの「なんかうまくいかない」に直面しています。そしてそのたびに、解決策を探し、新しくスキルを身につけようとします。ですがそれでも「なんかうまくいかない」はなくなりません。

なぜでしょうか?

それは言語化されていないからです。

ぼくらはあらゆる状況を言葉で理解しています。相手の表情やジェスチャーから受け取ったとしても、「あ、価格帯が合わなそうだな」「今は忙しいんですね」と言葉で相手のメッセージを把握します。

自分の思考も言葉で行います。言葉を使わずに考えることはできません。ビジネスで自社の商品を提案するときも、さらにはその提案資料を作るときも自分が考えていることを言語化しなければいけません。そしてその考えた言葉を相手に投げかけます。明確な言葉で考えられれば、明確に正しい行動ができるようになります。一方で、言語化しきれずに曖昧な言葉・的外れな言葉で考えていたら、どんな行動をすればいいかわからなくなります。

つまり、ぼくらの行動のベースにあるのは言葉なんです。そして、どんな言葉を使うかによって、思考が変わり、行動が変わり、結果が変わります。

正しく言語化されていれば、正しく伝わります。一方で正しく言語化されていなければ、相手は理解不足に陥ったり、誤解したりします。

冒頭でお伝えしたように、ぼくらは自分の頭の中を5%しか言語化できていません。残り95%は伝わっていないか、あやふやな表現をして誤解されているのです。

あらゆる問題は言語化されていないから起こる。ぼくはそう確信しています。

何かを自分の中で検討するにしても、辿り着きたいゴールへの道のりが5%しか見えていません。

相手と合意を取りたくて話し合いをするにしても、そもそも相手も感じていることの5%しか言葉で表現してきません。あとはなんとなく察するしかないわけです。こ

れでは相手を理解しきることは到底できません。

ぼくらは「なぜ伝わらないんだろう？」「なんでわかってくれないんだろう」と日々悩んだり、ストレスを溜めたりしています。ですが、そもそも言えていないんです。だとしたら、相手がわからないのも無理はないです。

この「言語化できていない」は、ぼくらの仕事のあらゆる場面で起こっています。そうだとすると、あらゆる問題は言語化されることでかなり解消していくはずです。

「言語化」されていないから起こる問題

▼①指示通りにやっているはずなのに、上司が不満そう

上司から言われたことを無視してやろうと考えている人は少ないと思います。むしろ、上司から言われたことはやらなきゃいけないと感じていますよね。嫌々だったとしても、言われたことをやっています。

でも相手が釈然としないような表情を見せたり、「そういうことじゃなくてさ……」とあきれ顔で説教してくることもあります。

自分としては言われた通りにやっているので、相手が不満そうにしていることが逆にストレスになりますね。「なんだよ、そっちがちゃんと言わないのが悪いだろ……」と反発し、お互いにストレスを溜めています。

要はやるべきことが相手に伝わっていないんです。部下がすべきことを伝えているつもりで、伝えていない。「自分で考えろ」と言われても、部下は何を考えればいいのかわかりません。だから動けない。

これは指示が言語化されていないから起きる職場のストレスです。

②部下が自分で考えて行動しない

部下は「上司からの指示が曖昧」と思っています。たしかに指示が曖昧なケースは非常に多いと思います。ただし、多くの職場で上司も部下に対してストレスを溜めています。

部下をマネジメントする立場の方は、なんで部下が自分で考えて行動しないのか不満に感じたことがあるかもしれません。指示を待っているだけじゃなくて自分から行動してほしい、いつも聞きに来るのではなく少しは自分で考えてほしい、そんなストレスを抱えている上司は多いと思います。

ただし、これも言語化の問題なんです。部下は自分で何かしなければいけないことはわかっているし、何かしようとしています。でも、やるべきことが自分の中で明確になっていません。「顧客満足度を上げよう」と考えたとしても、実際に何をしたら顧客満足度が上がるかがわかりません。だから動けない。「自分で考えて動かない」のではなく、考えたことが言語化されきっておらず、何をしていいかわからないのです。

③アンケートをもとに作った商品が売れない

顧客が望んでいる商品を作るために、「どんなニーズをお持ちですか？」と顧客にヒアリングをしに行きます。また消費者を集めてアンケートに答えてもらったり、グループインタビューをしたりします。そこで集めた声をもとに新しい商品を作ります。ですが、売れません。顧客の声を集めて作ったはずなのに、売れません。そういうのが欲しいと言った本人ですら、「なんか違う」と言って買ってくれません。そんな経験をされた方もいるでしょう。

もちろん顧客がでたらめを語ったわけではありません。そのときは真面目に正直に答えてくれていたと思います。でも買ってくれない。

これも言語化の問題です。顧客は自分が欲しいものを正しく言葉にしていません。自分の感覚の5%しか言語化できないので、ニーズに関しても95%の要素が言葉で表現できていないのは仕方ないことです。

「言語化」がすべてを解決してくれる

上司が不満そう、部下が自分で考えて動いてくれない、顧客に響かない……。おそらくほとんどのビジネスパーソンが抱いているだろう課題は、すべて「言語化」の問題です。

言語化していないから、「なぜか上司が不満そう」なんです。言われたことをやっているはずなのに、なぜか上司から怒られる。

言語化しきれていないから、「部下が自分から動かない」んです。さぼっているわけではなく、思考が曖昧なので、やるべきことが具体的に見えていません。だから、結果的に動かないんです。

言語化していないから、「なぜか顧客に刺さらない」んです。頑張って作った商品でちゃんとプレゼンしているのに、顧客に刺さらない。

言語化と聞くと「自分の商品を売るための短いキラーフレーズ（キャッチコピー）を作る」と思われることが多いですが、それは誤解です。言語化とは、キャッチコピーを作ることではありません。そもそも何かを売るためだけに言葉で表現するわけではありません。

言語化とは、「自分の頭の中にあるものを、言葉に置き換えて、『誰か』に理解してもらうこと」です。相手に何かを売るために言葉を伝えることもあるでしょう。しかし、売るためだけに言語化が必要なわけではありません。

また、その「誰か」が自分であることもあります。自分が考えていることは自分が一番よくわかっていると思いきや、じつはそうではありません。自分ですらわかっていないことはよくあります。自分で自分を理解しようとするときも、言葉にしなければいけません。

▶言語化しないと「目標の達成」が遠のく

言語化しないことで起こる問題は、他人とのやり取りだけではありません。自分の思考を自分で捉えることができなくなり、自分の願望が実現できなくなります。

たとえば、「いい人に出会いたい」「幸せになりたい」などの欲求も言語化できていないもののひとつです。恋愛で、いい人に出会いたいと思っている方は多いでしょう。でもその「いい人」ってどんな人でしょうか？ 性格のことでしょうか。社会貢献をしている人ですか？ それともビジュアルが自分好みの方でしょうか？

じつは「いい人」という要素がまったく言語化されていないことに気づきます。

そして言語化されていないと、その「いい人」に出会える可能性も低くなります。どこを探せばいいのかわかりませんし、もし目の前にその人が現れても自分ですら気づかないと思います。

目標を明確にしたら実現できるとも言われますが、その目標自体を言語化できなければ明確にはなっていないのです。

仕事でも、言語化されていなければ自分の願望は実現しにくくなります。たとえば、自分の仕事が好きじゃない方は多いです。アメリカのGallup社の調査によれば、日本で自分の会社に愛着を持っている人はたった5％しかいません。ほとんどの人は、嫌々会社に行っているわけです。

仕事を楽しめるかどうかは自分次第なんてことも言われます。実際に仕事を楽しめている人もいます。しかし一方で、こんな嫌な仕事を好きになれるほうがおかしいと感じている方もいます。自分の仕事を好きになれる人となれない人で、何が違うのかと言えば、ぼくはこれも言語化できているかどうかの違いだと思っています。仕事にやりがいを持てないのは、自分の仕事の価値を言語化して捉えていないからです。

▼寓話から学ぶ言語化の価値

有名な「レンガを積んでいる人の寓話」があります。

その場を通りかかった人が建築現場でレンガを積んでいる職人に「あなたは何をしているのですか？」と尋ねます。

1人目の職人はこう答えました。「レンガを積むように言われたから、仕方なくレンガを積んでいる」

2人目の職人は、「自分の家族を養うために、レンガを積む仕事をしている」

3人目の職人は、「私はいま歴史に残る大聖堂をつくっているんです」

と答えたという寓話です。

1人目は「言われたから仕方なく」として、2人目は「生活のための仕事として」、3人目は「人々の心のよりどころとなる大聖堂を建てている」という自己認識を持っています。

この寓話は、同じ行為でも自分の捉え方や何を目的とするかによって、意味が変わってくる、さらには自分のモチベーションも変わってくるという示唆をしています。

ただ、ぼくはこれを単なる意識の問題としては処理したくないです。その事柄に意味を感じられないのは、単にその人の考え方がネガティブだとか視野が狭いということではないと思うんです。

自分が行っている仕事の価値が言語化されていないから、本人に見えていないんです。だから無意味な作業に見えてしまうのです。

やりがいを持て、仕事に興味を持てと語るのは簡単ですが、つまらないものを無理やり「おもしろいと感じろ」と言われても正直無理ですし、無理やり「毎日充実しています」と口にしても何の意味もありません。

マインドの前に、言語化です。言語化をし、自分にとっての仕事の価値を言葉で捉えることができれば、まったく違うものが見えるようになります。

「言葉で表現すれば言語化できた」わけではない

言語化とは、日本語の文章で表すという意味ではありません。言葉にすればいいということではないんです。

言葉にすればいいのであれば、「なんかモヤモヤする」というフレーズも言語化できていることになります。大事なのは日本語で表現することではなく、自分が頭の中で描いているものと同じものを、相手に描いてもらえるような言葉にすることです。

ぼくらはお互いに意思疎通しながら仕事をしています。その意思疎通は言葉でされることが多く、ぼくらは日々言葉を交わしています。しかし、言葉にして発しているからと言ってぼくらが言いたいことが正しく伝わっているというわけではありません。

たとえば、自社商品をブランディングしたいと口癖のように語っている経営者さんがいます。自分の商品をブランディングできればビジネスにプラスになると感じてのことでしょう。それはそう思います。ただし、その前に考えなければいけないことがあります。それは「ブランディングとは何か？」です。

ブランディングしたいのはわかりますが、ブランディングとはどういうことを指しているのでしょうか？　知名度を上げること？　他社と差別化できること？　高額でも買ってもらえるようになること？　いろんな意味があり得ますね。

ブランディングという言葉の意味を辞書で調べても意味がありません。大事なのは正しく表現することではなく、自分が表現したい「何」を言葉にすることです。

ブランディングしたいと思っていても、実際にそれが何を表しているかを自分で把握していなければ、いつまでたってもブランディングはできません。それはブランディングするための行動ができないからです。

◆「いい感じにして」は指示ではない

ぼくはサラリーマン時代、上司から「いい感じの資料にしておいて」と指示されたことがあります。その上司はその言い方で指示をしたつもりでいたと思いますが、率直に言って「いい感じの資料」では何をどうしていいのかわかりません。デザインの色合いがいい感じなのか、ページ数の話なのか、クライアントがぐうの音も出ないほどの理論武装をしておく、ということなのか。

結局このときは上司本人も「いい感じ」とはどういうことなのか、自分でわかっていませんでした。つまり「俺もよくわからないし、どう説明していいかわからないけど、とにかくクライアントが契約してくれるような資料を作れ」と言っていただけなのです。

ただ、ここに問題があります。上司に「いい感じの資料にしておいて」と言われると、言葉で伝えられたので「指示を受けた」と認識しがちです。しかしこの日本語では言語化したことになりません。上司の頭の中が伝わってきていないからです。

ほとんどの人はそのまま「よし、いい感じの資料にしよう」と考えてしまいます。でも、そもそもいい感じがどういう状態かがわからないので、行動が止まってしまいます。何をしていいかわからず、資料の色味を変えてみたり、レイアウトを変えてみたり、統計データを追加してみたり、なんとなく「いい感じ」にしようとします。そしてその方向性が上司が求めている「いい感じ」とたまたま合致することを祈るしかありません。もし合致していなければ、上司からするとあなたは、「自分で考えずにトンチンカンな行動をしている」と思われるかもしれません。

また、顧客に価値を提供しよう、顧客ニーズをくみ取れと言われることがありますね。しかしそもそも「価値」とは何か？　何を提供すれば価値を提供したことになるのか？　またニーズとは？　くみ取ると言っても、実際に桶を持って行って何かを「汲み取る」わけではありません。何をすればいいのでしょうか？

それがわかりません。じつは言語化されていないんです。そして、本当は全然理解できないのに、一応言葉にはなっているのでそれらのフレーズで理解・納得しなければいけない雰囲気になっています。

会社の中で「価値を提供しろって言いますが、そもそも価値って何ですか?」と質問したらなんか怒られそうな気がします。「そんなこと自分で考えろ!」と言われそうですね。

たしかに自分でも考えなければいけないんですが、結果的に多くの現場で「価値」が定義されていません。何を提供すればいいかわからないまま、仕事をしています。言ってみれば、ゴールがどこかわからないレースに参加させられている感じです。

ぼくらは日々日本語を話し、日本語で相手とやり取りしています。慣れない外国語を話しているときと違い、自分が伝えたいことを言葉にできている錯覚に陥ります。しかし実際はできていません。

ではどうすれば言語化できるのか? それを次章から説明していきます。

第1章

そもそも「言語化」とは何か？

ビジネスで言語化する意味

情報発信が欠かせない時代といわれます。情報が溢れすぎているので、いくらいい仕事、いい商品、いいサービスを作って待っていても誰にも伝わらず、顧客に見つけてもらえません。だから情報発信は欠かせません。

ただし特に最近は、この「情報発信」の意味が誤解されているようにも思います。情報発信をしなければと、おもしろショート動画をアップして注目を集めるケースがあります。再生数が爆発的に伸びている動画もありますね。

しかしそれが爆発的に再生されたからと言って、何か意味はあるのでしょうか？たしかに暇つぶしのエンタメとしてはいいかもしれません。しかし、そのおもしろ動画が拡散されても、あなたのビジネスがそれに伴って大きくなっていくわけではありませんよね。

果たしてビジネスでの情報発信の目的はバズることなのでしょうか？　たくさん「いいね」をもらうことなのでしょうか？　ぼくにはそうは思えません。ビジネス用の発信はビジネスにつながらなければ意味がありません。

自社のストーリーを発信することに意味はあるか

かつて、スーパーの野菜売り場に農家さんの写真が貼られて話題になったことがありました。それまでその農作物を誰が作ったかなんて考えもしませんでしたが、そこで「この野菜を作ったのは私です」と「顔」を出したことで、親近感と信頼感を得て、爆発的に野菜が売れたそうです。

この例にならって、「顔」を出したり、会社のストーリーを見せれば商品が売れると考えられるようにもなりました。たしかに、誰が作ったかわからない野菜よりは、生産者の想いが聞けたほうがいいような気もします。しかしそれは、「生産者の想いを語れば売れる」こととは違います。

起業のストーリーを書けば自社のファンが増えてくれるのであれば、どんどん自社の歴史を出せばいい。しかし実際にはそれを出したところで興味は持たれません。よほどのエピソードでない限り、居酒屋で過去の武勇伝や苦労話を語っている上司と同じような印象になります。飲みながら昔の話をどや顔で語る上司が部下の心を掴めないのとまったく同じように、自社の過去ストーリーを出しても基本的にはファンは増えません。

ぼくらがビジネスで自分の話をするのは、あくまでも顧客のためです。顧客に何かしらのメリットがあり、それを理解してもらうために自分の話をするのであれば構いません。ですが、単に自分の話を聞いてもらいたいからと自社のストーリーを語るのはビジネスではありませんね。

▼流ちょうな説明が良いとは限らない

以前、車を買い替えたときの話です。ディーラーの担当者さんが自動車保険についても提案をしたいとパンフレットを持ってきました。自動車保険には当然のように加入するつもりだったので、ぼくもそのまま提案を聞くことにしました。

おそらく常に営業している保険内容だったのでしょう、担当者さんはパンフレットとｉＰａｄの動画解説を使いながら、非常に流ちょうにぼくにプレゼンしてきました。

ですが、ぼくは途中で話を聞くのをやめ、自分でその場でネットから自動車保険に申し込みました。その自動車保険の意味がわからなかったからです。

車を運転するようになって20年以上たっているので、自動車保険がなんたるものかは、ぼくもある程度わかっています。そして、自動車保険の保険料の相場もある程度知っています。このときに提案された保険は、一般のものよりも倍以上の保険料だったんです。当然、なぜそんなに高いのかを聞きたいところですが、イマイチ納得いく説明をしてくれませんでした。

この担当者さんは、とにかく「事故を起こしても安心です」「何回事故を起こしても大丈夫です」を繰り返していました。

自動車保険は、事故を起こしてしまったときのために加入するものです。そのため、事故を起こしたときに安心、というのはある意味当たり前です。また、何度も事故を起こしてしまう可能性もゼロではないですが、最初からそんなつもりで車を運転する人はいないと思います。

この担当者さんの話は、慣れている感じで流ちょうでした。資料もきれいにまとまっていて、動画解説も見やすかったです。ただし、肝心の「なぜぼくがこの保険を選んだほうがいいのか」を伝えていませんでした。

言語化の大きな誤解

言語化とは、どう伝えるかではなく、何を伝えるか

あなたは新しいスマホ機種の販促担当者になりました。このスマホを世の中にPRし、販売台数を伸ばしていくことがあなたの役割です。

では、あなたは何をしますか？

このとき、多くの方が「どうやればもっと売上を伸ばせるか」「どうPRすればいいか」を考えます。つまり、「どう」伝えるかに目が行ってしまいます。しかし「どう」を考えても、相手には伝わりません。

伝えたいのに伝わらない場合、ぼくらは「この人にどう伝えたらいいか・どう表現したらいいか」と口にします。一方で相手が思っているのは「この人が何を言っているのかわからない……」です。

伝える側は「どう（How）」を気にしていますが、相手は「なに（What）」を考えています。わからないのは「何」なんです。

もちろん、どう伝えるかも大事ですが、その前に考えなければいけないのは「何を伝えたら買ってくれるか」です。

ぼくらが商品を買うのは、伝え方を工夫されたからではありませんよね。欲しいと思う要素があったからです。欲しいと感じる要素がないのに、「どう伝えたら、この商品を買ってくれるんですか？」と質問されても困ります。丁寧に説明されようが、何度も足を運んでもらおうが、欲しいと思う要素がなければ買いたくありません。

ＣＭでいいイメージをつければ売れていた時代がありました。もちろん悪いイメージを持たれるよりは、いいイメージを持たれたほうがいいです。ですがそれは、いいイメージを植え付ければ売れるということではありません。

コミュニケーションスキルはビジネスパーソンにとってとても重要なもののひとつです。また、それ以前に自分の頭の中にあるものを相手に言葉で伝えることは非常に重要です。

ですが、コミュニケーションスキルで重視されているのは、話し方・聞き方・褒め方・叱り方などの「Ｈｏｗ（どのようにするか）」です。どのように話せば相手が納得してくれるか、どのように叱ればいいか、などのやり方が解説されています。

これらは、言ってみれば「届け方」ですね。伝えたい内容をどのように相手に届ければいいかの話です。

もちろんそれも大事です。しかし、この「Ｈｏｗ」が活きるのは、届けるもの（伝えたい内容）が整っている場合のみです。伝えたい内容があやふや、もしくは自分の意図がしっかり反映できていない場合、「届け方」をいくら磨いたところで意味はありません。

レストランでいえば、料理の提供方法や演出は大事ですが、もっと大事なのは「何を出すか」です。出す料理が決まっていない、もしくは整えられていないのに「どう提供すればいいか」を考えても意味がないですよね。

提供する料理が定まってから、より効果的な提供の仕方を考えなければいけません。「何を伝えるか」が最重要なのです。

「何を伝えれば伝わるのか」を、まず自分の中で明確にする

「どう表現するか」を考えるのではなく、「何を表現するか」を考える。それが言語化です。繰り返しですが、言語化とは伝え方の問題ではありません。自分が伝えたいものは何か？　何を伝えたら相手に響くのか、その伝える内容そのものを定めることからが言語化なんです。

言語化の最終ゴールは、自分が頭の中で描いているものと同じものを描けるような言葉にすることです。自分が頭に描いている「相手に伝えたいこと」を言葉にすることが言語化のゴールです。そしてビジネスシーンで考えれば、言葉にした結果、商品サービスを顧客から正当に評価してもらうことも目的のひとつです。

言葉で表現できれば言語化できたと言えるわけではありません。言葉にしても相手

が誤解していたら「言語化した」とはならないし、相手に過小評価されてしまっていたらそれも「言語化した」とは言えません。

そのゴールに向けて、「何を伝えればいいか」を考えることが言語化の第一歩です。ですが、ここが完全に見落とされているケースが大半です。

たとえば、「自社のブランディングをするには？」という議題で会議を開くとします。自社の商品は価値を持っているし、いいことをしているのに、どうも売上が増えていかない。それは自社のブランディングがされていないからではないか？　もっとブランディングするためにはどうすればいいだろうか？　そんな想いがあるのでしょう。

その想いは理解できますし、自然なことです。ですが、どうすれば自社のブランディングができるかの前に、何を伝えることで望んでいる「ブランディング」に近づくかが自分で見えていなければいけません。それが自分たちで見えていなければ、伝えようがありません。

しかし、多くのケースでそこを見ないまま「どうすれば？」の議論が行われています。みんなで集まってブレストをし、

- 頻繁に訪問したらどうか？
- パッケージデザインを変えるのはどうだろう？
- テレビＣＭを出したら？
- 商品に希少な高級材料を使ったら？
- 有名タレントにイメージキャラクターを依頼したら？

などの考えを出し合っています。そしてそれをきれいな資料にまとめて、「ブランディングするために、こんな施策をします」と上層部に提案しています。

いくら話し合っても、いくら具体的な施策やアイディアを出しても、そしてそれをいくらきれいな資料にまとめても、「何を伝えればブランディングができるか」を自分で明確に捉えていなければ、その状態が実現するはずもありません。

言語化をするための「PIDAの4法則」

言語化することはビジネスにとても重要なポイントです。とはいえ、「じゃあ言語化しよう！」と意気込むだけでは言語化できません。何からどう進めればいいのかがわからないからです。

ぼくは中2の頃から言語化の方法について関心を持ち始め、30年以上研究をしてきました。社会人になってからは、富士フイルム、サイバーエージェント、リクルートに勤め、社内の「伝わらない！」という問題を肌で感じていました。今では年間50件以上の商業出版コンテンツのコンサルティングをして、これまで2000冊以上の出版をサポートしてきました。また、経営者の想いを言語化、企業の商品サービスを言語化するお手伝いをしています。

みなさん素晴らしいコンテンツ・商品・ビジョンをお持ちですが、それを言葉にできていません。正確に言うと、ほとんどの方が「伝わらない言葉」で表現していました。ご自身でも「いつも曖昧な表現になってしまう」と自覚されている方もいれば、うまく表現しているはずなのに、相手に全然伝わらないと不思議に思っている方もいました。ただ、いずれにしても、伝わる言葉にはなっていません。しかし、同時に伝わる言葉に変えることで商業出版がどんどん決まり、売上が上がり、社内スタッフのマネジメントが劇的に改善しています。

かなりの案件に携わっていますが、これだけの数に向き合う過程で、言語化するための法則を見つけることができました。

それが「PIDA（ピーダ）の4法則」です。自分の頭の中を言語化するためには、次の4つのステップがあります。そしてぼくは毎回クライアントの商品サービスをこのPIDAの4法則に従って言語化しています。

1 目的の整理（Purpose）：そもそも自分は何のために言語化をしたいのかを考える

2 項目を選定する（Item）：何を伝えれば明確に言語化できるのかを考える

3 その項目を定義する（Define）：その項目はどういう意味なのかを定義する

4 その定義が伝わる表現に当てはめる（Apply）：意図した定義が伝わるフレーズを使う

先ほどの例で、自社のブランディングをしたいときのケースを考えます。最初に考えなければいけないのが、「目的の整理」です。何のためにブランディングしたいのか？　ですね。これはさほど難しくはありません。売上を上げるため、商品の単価を上げるため、価格競争に巻き込まれないため、などがあり得ます。

次に「項目の選定」です。言語化をしなければいけない項目を考えます。つまりは、相手に何を伝えれば、目的のブランディングに近づいていくかを考えるわけですね。

序章でもふれたようにそもそもブランディングという言葉は非常に曖昧です。みんな何となくのイメージで使っていますが、何を表現すれば望んでいる「ブランディングができた状態」になるのかがわかりません。

たとえばブランディングの目的が「自社商品が価格競争に巻き込まれず、高単価にする」だとしましょう。目的を決めたら次に、そのために何（どんな項目）を相手に伝えればいいかに目を向けます。可能性としては、自社商品の品質の高さを表現する、自社が信頼できる会社であることを語る、すごい企業とも取引があることを語る、などかもしれません。もしくは、価格競争に巻き込まれないためであれば、他社商品との差別化を提示することが有効かもしれません。差別化ポイントを示せば、他の商品と一緒にされることを防げるかもしれません。

そして3ステップ目は、「その項目を定義する」です。たとえば、自社商品の品質の高さを表現するとしても、「品質とは何か？」が定義されていなければ言葉にしようがありません。品質とは壊れにくさでしょうか？　効果が短時間で出ることでしょうか？　手間をかけて作ったということでしょうか？

振り返ってみると、品質とは何か？　品質が高いとはどういう状態なのかを厳密に考えたことがないかもしれません。テレビなどの家電製品であれば壊れにくさや画質、操作性かもしれません。洋服などであれば、肌触りかもしれません。サービスであればミスが少ない、応対が早いということかもしれません。

商品によって「品質」は違う意味になるはずです。自社商品の場合、それがどんな意味になるかは自分で定義しなければいけません。

そして最後に「その定義が伝わる表現に当てはめる」ことが大事です。「品質＝壊れにくさ」という定義をした場合でも、単に「うちの商品は壊れにくいです！」と表現するだけではわかってもらえません（相手は信じてくれません）。壊れにくさを表現したいのであれば、たとえば「10年たっても壊れない」と時間を入れて表現したり、「１年間の故障率がたったの０・００１％」と割合で表現したりすることがあり得ます。

同じことを伝える場合でも、それが理解しやすい表現になっていなければいけません。理解しやすいかどうかは相手が感じることなので、自分がいいと思う表現をするだけではさほどいい結果にはつながりません。自己流の表現をするよりも、伝わりやすいフレーズに当てはめたほうがいいです。

事例 「ブランディング」を言語化する

PIDAの4法則	考え方の例
P:Purpose （言語化する目的は何か？）	高単価でも商品を買ってもらえるようにすること
I:Item （相手に伝えるべき項目は何か？）	高単価でも買ってもらうために伝えるべき項目は…… 1 自社商品の品質の高さ 2 他社商品との差別化ポイント
D:Define （その項目を定義する）	1 品質の高さとは何か？ 例）故障率が低いこと 例）信頼できる会社が製造していること 2 他社との差別化とは何か？ 例）顧客が抱えている他社商品への不満を解消していること
A:Apply （伝わる表現に当てはめる）	1 品質の高さを伝えるために故障率が低いことを表現する 例）「弊社商品の故障率は年間0.001%です」 2 差別化を伝えるために、顧客が抱えている不満を解消していることを伝える 例）「従来の商品によく見られた○○のマイナスポイントを解消しています」

言語化の目的は「見えるようになること」

自分が考えていることを言語化することは興味ある。けれど、言葉をいちいち定義していくなんて大変すぎると感じるかもしれません。そう感じるのは自然です。もちろん、すべての会話のフレーズを定義しなければいけないわけではありません。言語化する目的に見合うものだけ言語化していけばいい。

そして結論から言えば、言語化の目的は「見えるようになること」です。

ぼくらは言葉でコミュニケーションを取っています。そしてその前に、ぼくらは言葉で物事を認識し、言葉で考えています。

「黒い」という言葉がなければ「黒」を認識できないし、「もっと黒く塗ろう」という発想も持てません。ウェルビーイングという言葉があっても、その意味が言語化されていなければ、ウェルビーイングになることはできないですし、そもそも自分が現在どのくらいウェルビーイングの状態なのかも意識できません。

言葉がなければ、そもそも考える対象すら頭に描くこともできず、感じることもできないのです。

つまり、言葉になっていないものは考えることすらできず、実感することなどはもっとできないのです。ビジネスでいえば、言葉になっていないものは提供していないのと同じです。相手が実感できないので、その要素自体を認識してもらえないのです。

これは非常にもったいないことです。

そして逆にいうと、その要素を言語化できている企業は強いビジネスを作っています。

スタバが店舗を「サードプレイス」と言語化したことで得たもの

たとえば、スターバックスは「サードプレイス」という言葉で自店舗を表現しました。自宅でも仕事場でもない、自分の第三の場を提供しますということです。その第三の場では、素の自分に戻れる場所のような気がして、ホッとできる、自分を取り戻せる、そんなメッセージを発していました。

サードプレイスというキャッチコピーにインパクトがあったため、若干それが独り歩きしている感じがあります。そしてスタバのように自社サービスを一言で表せばいいと考えている人もいそうに思います。ただ重要なのはそこではありません。

ポイントは、キャッチコピーとして一言でまとめることではなく、自分たちが提供したい空間とその価値を言語化したところです。仮に一言にまとめなくても「家でも、職場でもない、自分に戻れる場所を提供します」と文章で表現しても伝わったと思います。

スターバックスが提供している場の価値や意味合いを言語化していなければ、スタバは単に「おしゃれなカフェ」です。おしゃれでフレンドリーな店員さんがいるコーヒー屋さんです。おしゃれなカフェは、それはそれで居心地がいい空間ではあるかもしれません。しかしそれはあくまでも「おしゃれなカフェ」どまりです。日本にも世界にも、おしゃれなカフェはたくさんありますので、それらの店舗と同列に扱われていたでしょう。そしてスタバが本当に提供したいものは消費者に伝わらなかったでしょう。

「おしゃれなカフェ」ではなく、「うちは『サードプレイス』を提供しているんです」となれば話がまったく変わります。本来消費者は、カフェにおしゃれさだけを求めていたわけではありません。特にビジネスパーソンはおしゃれな空間があるからと言ってそこに行くわけではありません。

スタバは自分たちが提供しているものを言語化したので、強いビジネスを作れているんです。

さらに大事なのは、言語化されたことでスタバが提供していることが見えるようになったこと（認識できるようになったこと）です。それまで「サードプレイス」なんて意識もしたことがなかった消費者が、「サードプレイス」の価値が見えるようになり、それを求めてスタバまで足を運ぶことになったのです。

物理的な空間自体は何も変わらなくても、スタバの意味自体が変わります。つまり、「サードプレイス」という言葉を提示することで、スタバが提供したいものが見えるようになり、消費者もそれを実感して求めるようになったということです。

言葉になっていなければ見えませんでした。言葉になったから、スタバが提供したい本来のものが見えるようになったんです。

「弱者の戦略」で見えるようになったもの

また、ランチェスター戦略に「弱者の戦略」という言葉があります。これも言語化されているがゆえに見えるようになったものですね。弱者の戦略とは、業界2番手以下の企業が勝ち残るための考え方で、簡単にいえば自分の勝てる分野に一点集中するというビジネス戦略です。

大事なのは、業界2番手・3番手が弱者かどうかではありません。また「弱者の戦略」というキャッチーなフレーズで表現されることでもありません。大事なのは、業界最大手とそれ以外の会社は取るべき戦略が異なることを認識することです。

この「弱者の戦略」という言葉がなければ、業界2番手以降の会社も最大手と同じように考え、同じようなビジネスをしてしまっているかもしれません。というのは、そもそも最大手はその商品やそのマーケティング手法で結果を出しているからです。その商品は売れているし、そのマーケティング戦略は当たっているのです。そのため、他の2番手以降の会社がそれをマネしようと考えても不思議ではありません。そしてマネしそうです。

しかし、最大手がやっていることをそのまま取り入れても、最大手と同じ土俵で戦ってしまい、結果的に負けてしまいます。だから2番手以降の会社は、弱者の戦略を取る必要がある。こう考えることができるのは「弱者の戦略」が言語化されているからなのです。

日本に観光資源が豊富にあるのは、「観光資源」を言語化したから

日本は観光資源が豊富で、外国人からは常に「行きたい国」の上位に位置付けられています。

ただ、日本に住んでいるぼくらはあまりそう感じてきませんでした。日本人の長期休みの旅行先は、海外であることが多く、国内旅行もいわゆる定番の場所しか思いつかなかった方も多いのではないでしょうか？　そして日本が観光立国になるとも、なれるとも思っていなかった人が多いと感じます。

この変化は何で起きたのでしょうか？　もちろん、各エリアのみなさんが頑張って地域おこしをしたり、政策として外国人旅行者を取り込もうとしたことが前提にあるでしょう。ただ、日本の地理や自然環境はほとんど変わっていません。今と変わらない環境を持っていたのに、過去には外国人を観光誘致できるとは思っていませんでし

ています。

たね。この変化は「観光資源」という言語化があったから起きた変化だとぼくは捉えています。

近代化がされていない山奥の村を、ぼくらは長い間「古臭い田舎」と捉えてきました。しかし、観光資源という概念が言語化された後は、外国人が（もしくは日本人も）訪れて体験したくなる歴史的情緒に見えてきます。

これは決してポジティブに言い換えただけではありません。言語化されたことによって、その側面を捉えることができるようになったのです。

以前、長野の山奥に滝行をしにいきました。このエリアでは外国人にも大人気の旅行コンテンツになっていますが、滝行が観光客に人気のコンテンツになったのは、「滝行」の言い方を変えたからではありません。たとえば、滝行を「スプラッシュ！」などカタカナにして言い換えても意味がないし、「山奥と、水の冷たさと、自分」など、ポエムのようなキャッチコピーを入れてポスターを作っても、本質的には何も変わりません。

言語化とは、「どう伝えるか」ではなく、「何を伝えるか」です。滝行のどの部分を伝えるかがポイントです。観光客に来てもらうためには、滝行の「何（どこ）」を伝えればいいかを考える。たとえば、ぼくは滝行をすることでサウナと同じように「ととのう」感覚がありました。それはやってみるまで気づかないポイントでした。温泉に来た観光客に「ととのう」を伝えれば興味を持ってくれるかもしれません。また、滝行をやる前は少し恐怖感があり、同時にその恐怖感を乗り越えた後はものすごい充実感がありました。

滝行には「ととのう」「今年イチの充実感がある」などの要素があります。それを伝えることで、より多くの人に興味を持ってもらえそうです。

いきなり人を惹きつける要素を見つけられるとは限りません。ですが、「どう伝えればいいか」ではなく、「何を伝えればいいか」に目を向けることで、新しい要素を発見できます。

言語化できれば、課題が見える

同様に、課題も言葉にならないと見えてきません。パワハラという言葉がなければパワハラを認識することができません。単に激しく怒られているという認識しかできず、怒られるのは何かミスをしたからだという理解しかできません。仕事でミスをすれば何らかの指導がされますが、それが適切なのか、行き過ぎなのかはわかりませんでした。「パワハラ」という言葉があり、パワハラの概念が言語化されて初めて見えてくるようになったのです。

かつて、あるベンチャー企業の経営者から相談を受けました。その方は、人柄もよく、頭もきれる優秀な経営者でした。しかし、なぜか人材がどんどん辞めていってしまいます。その状況を変えたくて、給料を上げてみたり、社員をどんどん責任あるポジションに据えてみたり、人事組織の改革なども行っていました。でも、それらを実行したにもかかわらず、変わらず社員が辞めていきます。

客観的に見ても、特段問題がある組織には見えませんでした。社員たちも、経営者である彼のことを「いい人です」と口を揃えて語っていました。

ただ、ある社員が語った一言で、問題が明らかになりました。

その社員は、ぽつりと「うちの会社はみんな仲はいいけど、一致団結する感じじゃないんです」と言いました。その社員は、ベンチャー企業は「社長をリーダーとして一致団結して何かを成し遂げるようなサバイバルビジネスをするところ」というイメージを持っていました。しかし、この企業はそれがない。仲はいいし、社長はいい人だけど、この社長のために何がなんでもやってやる！　という気概が持てない、そんな話をしていました。

結局、この経営者に足りなかったのは「経営者の求心力」だったんです。

それまで、「経営者の求心力」という言葉も概念もその組織にはなく、そして経営者自身の中にもありませんでした。経営者に必要な素養として目に入っていなかったのです。そのため、その足りないものに気づけませんでした。

言葉になれば見えてきます。その経営者は人柄の良さや優しさだけでなく、ビジョンを示し、メンバーを力強く引っ張っていくようになりました。その結果、課題だった離職は格段に減っていきました。

第2章

語彙力、センス不要の「すごい言語化」

「言語化する力」とは何か

もっと言語化できるようになれば、自分の仕事の質も上がり、提案がより刺さるようになり、より売上も増えていきます。自分が考えていることをもっと言語化できるようになりたいと思っている人は多いと思います。

しかし、いろいろ勉強しているのに、依然として自分の頭の中を言葉にできるようになったとは思えません。

それは、そもそも言語化とは関係がない力を身につけようとしているからです。さらにその前に、言語化する力とは何なのかを言語化していません。言ってみれば、何を身につけなければいけないか不明確のまま、「何か」を身につける努力をしているのです。これではその「何か」を手に入れられる可能性は極めて低くなります。

そこで改めて「言語化する力とは何か」を確認しておきます。

キャッチコピーを磨く

よくある誤解として、「言語化する＝キャッチコピーを作る」という捉え方があります。キャッチコピーとは、看板や広告、テレビCMなどで商品を紹介するときに使われる文章（フレーズ）のことです。もちろん、そのキャッチコピーを作ることも言語化の一種ではあります。

しかし、言葉にしなければいけないのはそれだけではありませんね。言語化とは「自分の頭の中にあるものを言葉にすること」であって、看板や広告に使うフレーズを作ることではありません。というよりむしろ、ぼくらが必要としているのは商品のキャッチコピーではありません。商談やプレゼンの場で、自作した商品キャッチコピーを披露したいと考えている人はいないでしょう。

ぼくらが求めているのは、自分が考えていることを会議でわかりやすく伝えたい、商談の場で顧客に刺さるプレゼンをしたいというようなものだと思います。

もともとキャッチコピーとは、キャッチするため（目にとめてもらうため）のフレーズです。目にとめてもらうことも大事ですが、目にとめてもらうだけでは仕事になりませんね。それ以上に大事なのは目にとめてもらった後に重要性を感じて、納得してもらって、行動（購入）してもらうことではないでしょうか。

前提としてキャッチコピーは広告用の言葉だということを再度思い出さなければいけません。日常のビジネスシーンでぼくらが使う言葉とは異なります。だからそれを身につけたところで、一般的なビジネスシーンでは使えないんですよね。

キャッチコピーは広告においては一定の役割を果たします。たしかに印象的なキャッチコピーをつけて売上が上がった商品もありますね。キャッチコピーをつければ、すごい効果がありそうと感じるのもわかります。

ですが、キャッチコピーは「知っている商品を選んでいた時代」の武器であることを忘れてはいけません。かつては、商品の知名度、会社の知名度がビジネスにとって大きな武器でした。知っている商品だから安心、知っている会社から買おう、と考えられていましたよね。もちろん今でも知名度はビジネスに有利に働きます。ですが、知っているから買うという時代ではありません。

知名度がなくてもネットの評価が高ければ選ばれます。逆に「聞いたことがある会社」が手掛けていたとしても、だからと言って買うわけではありません。現代では「覚えてもらうこと」の重要度が、かつてに比べて相当低下していると考えるべきでしょう。そして同時に、キャッチコピーのビジネス的な役割も相当低下しています。

✕

語彙力を上げる

語彙力が上がれば、言語化の能力が上がるだろうと考えられることもあります。ですが、ここにも誤解があります。外国語を話す場合であれば、単語を知らないから言いたいことが言えないという状態はあり得ます。ですが、今ぼくらが考えているのは日本語です。単語を知らないから言いたいことが表現できない、というわけではないんです。

逆に単語をたくさん知っているからといって、言語化ができるわけではありません。たとえば、「すごい」という意味の言葉は、いろいろあります。

目覚ましい、上々、輝かしい、素敵、妙妙たる、見事、御膳上等などです。意味合いは多少異なりますが、ざっくり言うとすべて「すごい」という意味です。たしかに、すごいという言葉しか知らなければ、「すごい」としか言えないでしょう。ただ、「妙妙たる」という言葉を知っていても自分の仕事で使えるでしょうか？　そしてこの「妙妙たる」を使うことで、何か効果を出せるのでしょうか？　そもそも相手がその言葉を理解していなければ意味がありません。

そして、ぼくらが普段使わないような単語を頻繁に使うと、日本語版のルー大柴さんみたいになります。ルー大柴さんはぼくも大好きで、唯一無二のキャラを確立した一流のタレントさんです。ただ、あの話し方は「ネタ」ですよね。素で使ったらかなり変なことになります。「ネガティブな人が何を言ってきても、聞き流そう」というフレーズを「厭世《えんせい》主義には馬耳東風を決め込む」と表現したら、むしろコミカルに聞こえます。

たしかに語彙力を上げれば表現のバリエーションが増えるでしょう。しかし、それで「言いたいことが言えるようになる」と考えるのは誤解です。

✕

短く表現する

Twitterに投稿すると文章の練習になると言われます。それは、140文字という短い文章にまとめなければいけないからです。短くまとめるのはそれだけ難しい。

ぼくもこれは実感しています。数万字の書籍の原稿を書くときよりも、文字数制限が1000字の雑誌コラムを書くときのほうが大変です。分量としては圧倒的に書籍のほうが多く、それを書く大変さはあります。しかし、1000字で表現しなければいけない難易度は書籍の執筆とは比べ物になりません。

言語化＝短く表現をすること、と捉える人もいます。たしかに、何を伝えたいかがまとまっていない場合、話が長くなりがちです。ただし、短くすれば伝わるということではありません。話を短くするためには、前提として伝えたいことがすべてまとまっていて、しっかり言葉になっていなければいけません。

長く時間をかけても伝えられないのに、それをさらに短くしたらますます伝わらなくなります。短くするのは、長い表現ができるようになってからです。

✕ これまでの言い方を変える

以前、ネットのニュースを見ていたら、こんな記事が出ていました。
「『中途採用』という言葉をやめて『経験者採用』という言葉にしよう。そうすれば、もっと転職が増えて、適材適所が進みそう」

主旨をまとめると、そのような話でした。

人材の流動化を図りたいのはわかります。しかし、「中途採用」を「経験者採用」と呼び名を変えたところで、人材の流動性は高まらないでしょう。正直、こんな名称変更はどうでもいいです。

そもそも重要なのは、どう伝えるか？　の前に、何を伝えるか？　です。転職を促すために、何を伝えればいいのかが見えていなければ、単なる言葉遊びをしているだけになります。

たとえば、転職の重要性を理解してもらい、転職を促すことが目的だとします。そのために伝えるべき項目は、給料が上がること、働き方を改善できること、自分の能力を活かせる場を見つけられること、などかもしれません（すべて可能性の話ですが）。それを伝えなければ、転職したほうがいいかもね、とはならないです。

ポジティブに言い換える

ポジティブに言い換えることが「言語化」と捉えられていることもありますが、それも誤解です。商品のデメリット要素もポジティブに言い換えれば長所になることもあります。たとえば、都心から離れた不便な場所にある住宅を「自然豊かな立地」と表現したり、壊れやすいビンテージの車を「手がかかるけど、愛着が出る車」と表現したり。

たしかに一般的なデメリット要素もポジティブに言い換えることでその良さを感じてもらえるケースがあるでしょう。しかしそれは、相手がその要素を価値として捉えてくれる場合のみ有効です。都会もいいけど、自然あふれる環境で住むのもいいなぁと思っていた人には「この物件、割といいかも」と思ってもらえるかもしれません。ですが、通勤や利便性を重視していて「絶対に都市部」と考えている人には、いくらポジティブに言い換えたところで意味はありません。

マイナス側面を打ち消すために（もしくは、ごまかすために）言い換えをしている場合、あなたはその「マイナス側面」にとらわれてしまっています。本来打ち出すべき価値が他にあるかもしれないのに、「マイナスを消そう」という目になってしまっています。これは非常にもったいないことですね。

先ほどの住宅の「不便な場所」という要素を「自然豊かな立地」と言い換えるのではなく、他に価値になり得る要素がないか、本来のその住宅の価値とは何かを考えたほうがいいです。もしかしたら、「水道水がめちゃめちゃ体に良くて、アトピーが治る」かもしれないし、「自分で野菜を育てられる家」かもしれない。また、「意外に観光客に人気のエリアで、部屋の一部を民泊で貸し出せる」かもしれません。

言語化とは、言い方を変えてごまかすことではなく、そもそも言えていない要素を言葉にすることです。

相手に（無理やり）ポジティブに捉えてもらうことが大事なのではなく、まず自分が何を表現したいか、自分が持っている要素のどの部分を言葉にしたいかを考えることが重要なのです。

✕ 比喩で伝える

比喩を用いて伝えれば、自分が言いたいことが言葉になると思われることもあります。ですがこれも誤解が大きいと感じています。比喩は、自分が説明したい内容を相手に理解してもらうために用いるものです。

たとえば、Google Homeを知らない人に、その機能を説明するときには比喩を使ったりします。「家の中にお手伝いロボットがいて、そのロボットに話しかけるだけで音楽をかけてくれたり、テレビをつけてくれたり、いろんなことをしてくれるんだよ」と話すわけです。

このような表現をすれば、Google Homeを知らなかった人にその内容を説明することができるでしょう。ですが、比喩を使って相手に理解してもらえるのは、そもそもこちらが言語化できている内容だけです。この例では、「Google Homeをお手伝いロボットみたい」と表現していますので、相手は「Google Home＝お手伝いロボット」として認識します。この認識で問題ない場合は構いません。しかし、相手は「お手伝いロボット」と認識しているので、「料理も作ってもらおう」「マッサージもお願いできるのかな」と考えてしまうかもしれません。一方で、「Google Homeが持っている別の価値（たとえばネットワーク化機能など）に関しては伝わらないでしょう。

比喩が有効なのは、すでに自分の中で伝えたいことがしっかり言語化できている場合に限ります。自分でもうまく表現できないケースでは、比喩を使うとますますわかりづらくなってしまいます。

✕ 話し方を練習する

ぼくの友人にプレゼンテーションや、相手に伝えることが苦手な人がいました。彼の口癖は「何て言ったらいいかわからない」「説明している自分自身がモヤモヤしている」でした。そして、どうも伝わらないと嘆いていました。

あるとき、彼は落語を勉強しようと社会人向けの落語サークルに入りました。「話し方を学ぶには落語が一番、落語を習えば俺も言葉で伝えられるようになるはず」と話していました。

落語を学ぶことで話し上手になれるかもしれない、というのはぼくも賛同します。

実際、ぼくも落語や漫談を研究して講演時の話し方を勉強していました。ですが、落語を学んで身につくのは「話し方」であって、「話す内容」ではありません。ましてや落語を学べば自分が言いたかったことがクリアに言葉になるわけではありません。

本書の1章でも説明しましたが、言語化は「どう伝えるか」ではなく「何を伝えるか」です。何を伝えればいいのか自分でわかっていないときに、話術を学んでも言葉は出てきません。言語化能力と話し方スキルは別物なのです。

語彙力不要、センス不要の「すごい言語化」とは？

まずは、「何を表現するか」を明確にする

「どう伝えるか（どう表現するか）」は料理でいえば見せ方や盛り付けの話です。もちろんそれも大事ですが、その前に「何を（何の料理を）提供するか」が決まっていなければいけません。提供する料理が決まっていないのに、どう盛り付けたらいいだろうか？と考えても何の意味もありません。

また、仮に提供する料理が決まっていたとしても、その料理のどの部分を表現すれば目的が叶いやすいか見当をつけられていなければいけません。

ここを誤解してしまうと、大きく間違えてしまいます。

広告やプレゼンで商品を紹介するときも、「とにかく、ドキッとするようなことを言おう」「インパクトを出したい」などを考えてしまいます。しかし、そもそもの「何を」が抜けていれば有効な紹介になるはずがありません。

結果として、商品の要素と無関係に「有名人に紹介してもらおう」と考えたり、とにかくリスクを示して相手の不安を煽ろうなどと考えてしまいます。

繰り返しですが、言語化とは「どう表現するか」ではなく「何を表現するか」です。広告でもプレゼンでも、仕事の打ち合わせでも同じです。いくら巧みな話術でスムーズに語ったとしても、相手がその項目に興味を持たなかったらまったく意味がありません。

ワード・ディレクションと言語化フォーマット

「言語化がキーだった。じゃあ言葉にしよう」と考えても、やる気や熱意だけで言語化できるものではありません。自分の頭の中を言葉にするためには、言葉にするための考え方を身につけなければいけない。

言語化で表現すべき「何」は、自然に出てくるわけではありません。自分でそこに目を向けなければいけません。

自社商品について自分の感じていることを言語化したいと考えても、その商品を漠然と見ているだけでは何もわかりません。「この場で言葉にすべき部分」が見えないんです。そのため、ぼくらは新たな視点を養う必要があります。目に付いたものを言葉にするのではなく、この場で理解してもらいたい要素に意図的に焦点を当て、意図的に言葉にすることが求められます。

それをぼくは「ワード・ディレクション」と呼んでいます。つまり、言葉にするために自分の視点をディレクションしていかなければいけないのです。それがワード・ディレクションです。

「今回は、こういうことを相手に感じてもらいたい。となれば、相手に伝えるべきことは○○だな」と、自分の視点を定めなければいけないわけですね。

ただ、これで終わりではありません。言葉にすべきポイントに正しく焦点が当たったとしても、それを「相手に伝わる言葉」にできなければいけません。自分が好きなフレーズで語ればいいわけではなく、相手が理解できなければいけません。そしてそれにはひとまず型に従って言葉にすることが一番早いです。

企業研修や経営者への言語化のコンサルティングを続けていく中で、自分が伝えたい要素が伝わるためには、このような言い方にしなければいけないという言語化フォーマットがあることに気づきました。そしてそれを試行錯誤の結果、「型」にしました。この型に従って言語化することで、まず自分が何を言葉にしなければいけないかが明確になり、相手にも伝わるようになります。

ビジネスでは「言語化すべき項目」が決まっている

ビジネスで言語化できるようになれば、商品がもっと売れるようになり、顧客からの信頼も厚くなります。社内で上司から部下への指示も明確になり、お互いのストレスは減っていきます。

そして、ビジネスでの言語化は比較的シンプルです。というのは、そもそもビジネスで言葉にしなければいけない項目はそれほど多くないからです。プライベートのやり取りと違って、ビジネスシーンでは伝えるべき項目・相手に理解してもらいたい項目がある程度決まっています。

プライベートのコミュニケーションでは、自分の気持ちや相手への感情、今日の気分などを相手に伝えることもあります。ですが、ビジネスでは基本的にそれらは不要ですよね。

ビジネスの目的は突き詰めて考えると、顧客に対して自分が持っている価値を理解してもらい、価値を提供すればいい。そして自社内ではその価値を提供するためにすべきことを共通認識として持ち、それに向けてみんなが正しく行動できていればいいです。個々人のその日の気分を伝え合う必要もなければ、自分の好き嫌い感情を言葉にすることは必ずしも求められません。

ビジネスで伝えなければいけない項目を特定すればいい。そしてその伝えるべき「何」が決まれば後はそれほど難しいことではありません。

「なぜそれを」「なぜ今」「なぜ私から」

ビジネスにはいろんな場面があります。しかし、大きく捉えるとビジネスで言語化しなければいけない項目は驚くほど少ないです。

ビジネスでは、「なぜそれを」「なぜ今」「なぜ私から」買うべきかが示されていればいいです。ビジネスで言語化しなければいけないものを言語化して表現すること、これだけです。これさえ納得度を高く伝えることができれば、ビジネスはうまくいき、顧客は買ってくれます。

逆に言うと、これ以外の話は雑談にすぎず、結果につながりにくい要素です。商談の場での雑談やアイスブレイクの技術を高めなきゃと感じてしまうのは、重要な要素を言語化できていないからではないでしょうか？　商談の場は、相手と仲良くなることが主目的ではありませんね。相手が価値を感じ、行動してくれれば、それで問題ないはずです。

ぼく自身も個人向け、法人向け営業の経験があり、買ってもらうためにいろんなことを闇雲に語っていた時期もありました。しかし、当然ながら購入の決定につながらない項目をいくらしゃべっても、商談はうまくいきません。

天気の話でアイスブレイクしようとも言われますが、それはそのあとの本質的な話を進めやすくするための助走であって、アイスブレイクしたら成約できるわけではありません。いわば、結果に影響を与えない要素なんです。

商談の場で言語化しなければいけないのは、「なぜそれを」「なぜ今」「なぜ私から」買うべきか、です。極端な話、これらの要素が相手に伝わり切れば、あいさつや雑談を一切せずにいきなり本題に入ったとしても商談は成立します。

ビジネスの言語化で必要な5段階項目

「なぜそれを」「なぜ今」「なぜ私から」買うべきかを語るといっても、「この商品は弊社にとって重要な商品だから！」「今買ってもらえば私がノルマ達成できるから！」「私から買ってくれないと、私の利益がないから！」では、語ったことになりません。当然のことながら、相手が納得するように、相手の立場に立って語らなければいけません。

相手が納得してくれるために、相手に伝える項目を考えていきます。1章では「ＰＩＤＡの4法則」を説明しました。言語化するためには、まず目的（Purpose）を語り、その目的を達成するために伝えなければいけない項目（Item）を言語化する。そしてその項目を定義（Define）し、相手が理解しやすいフォーマットに当てはめる（Apply）ことが重要でした。

ここで焦点を当てているのは、「伝えるべき項目（item）」の話です。ビジネスの目的を「商品を販売し、顧客に貢献すること」だと仮定すると、そのために伝えなければいけない項目は、ひとつではありません。結論を言えば、次の5段階に集約されます。そしてこの5段階項目を言語化できれば、自分の頭の中を相手に伝えることができます。

ビジネスの言語化に必要な5段階項目

- **第1段階**　提供する価値の言語化（value）
- **第2段階**　他社との差別化の言語化（differentiation）
- **第3段階**　自社の信頼性の言語化（reliability）
- **第4段階**　価値が提供される理屈の言語化（process）
- **第5段階**　相手に取ってもらいたい行動の言語化（action）

「5つ」ではなく、「5段階」と表現したのには理由があります。ぼくらが自分の仕事、自分が手掛けている商品を考えたときに、この順番で言語化すべきだからです。

ビジネスの目的を、顧客に価値を提供することで対価をいただくことだとすれば、まず考えなければいけないのは、相手にどんな価値を提供できるかです。価値を伝えることで「顧客がその商品を買う理由」を理解してもらえます。だからまず「価値」を言語化し、自分が何を相手に提供できるかを言葉にします。これが第1段階です。

価値が言語化できたら、次は「差別化」です。自分の商品には価値があるから買ってくださいと言うだけでは受け入れてもらえません。顧客からしてみれば、価値がある商品は他にもあります。「なぜ、他ではなくあなたの商品を選ぶべきなんでしょうか？」という問いに答えられなければいけません。第2段階で差別化を伝えることで、自社商品に目を向けてもらえます。

ここまでできたら、次に「自社の信頼性」を言葉で伝えます。というより、前の2

つが語れたらようやく自分のことを語っていい、という理解のほうが正しいでしょう。商品サービス自体が魅力的な内容であっても、信頼できない業者からは買えません。お金を払ったとたん消えてしまうリスクもあるし、そもそもその商品が口からデマカセかもしれません。商品の価値を理解してもらっても、自社を信頼してもらえなければ、買ってもらえないのです。

ただ、多くの企業は顧客に価値や差別化を伝える前に、自社のアピールをします。もちろん自己紹介は大事ですが、自社を信頼してくれたらなんでも商品を買ってくれるわけではありません。正直なところ、その商品に興味を持つまでは、その商品を売っている人が誰だろうが関係ありません。この商品はよさそう、他の商品よりよさそうと思えてから初めて「この人から買って大丈夫かな」が気になるんです。

自社が提供している価値が言葉で伝わり、他社ではなく自社を選ぶ理由が伝えられ、かつ自社が信用に足る会社だと思ってもらえれば、顧客の評価は高まります。この3つを伝えられれば即買ってくれるケースもあります。

でもそれだけでは不十分なこともあります。価値が提供されるプロセスがわからないと、「興味はあるけど、なんか不安……」となって決断してもらえないこともあります。

たとえば、「業務効率が3倍になるシステム」の提案を受けたとします。普段の業務効率が3倍になるのはとても魅力的です。しかもそのシステムは超有名な老舗システム会社が提供しているようです。ぜひ自社にも導入したいです。ただし、ひとつ気になりますよね。どうやって業務効率を3倍にするのでしょうか？　なぜそのシステムを導入することで業務効率が3倍になるのでしょうか？　それがわからなければ導入できません。

いくら信頼できる企業が提供していたとしても、「よくわからないけど、とにかく導入したら3倍効率的になるんです」と言われてしまったら、導入に踏み切れません。どのようにそのシステムの価値が実現されるかがわからないからです。

「この商品が実際にどのように機能して、どのように価値を発揮するのか」が相手に伝わらなければ、相手は納得してくれません。そして買ってくれません。それを伝えるのが第4段階の「価値が提供される理屈」の言語化です。

そして最後の第5段階は「行動」の言語化です。誰かに望む行動を取ってもらいたいときに必要になります。商談の場で、顧客に「ご検討よろしくお願いします」と伝えていないでしょうか？　本当に言いたいのは「買ってください」ということかもしれないのに、それを濁して「ご検討ください」と言ってしまう。

日本語の会話はこれで成立したように見えてしまうので、これで商談の場は終わります。ただ顧客は「ご検討ください」と言われたので「検討」を始めます。揚げ足を取っているわけではなく、「検討」を依頼されたので、そのまま「検討」するんです。そして、検討だけして購入しないんです。申込書にサインをしてもらいたいなら、「○×日までに申込書のこの欄に、サインをお願いします」と言わなければいけない。顧客が商品のよさを納得しても、実際に購入手続きを取らなければ、買ってくれません。

商談の場に限らず、社内メンバーとのやり取りでも行動の言語化は必須です。メンバーへの指示、やってもらいたいことを言語化できていなければ意図通りの仕事をしてもらえません。

ビジネスで必要な要素は、基本的にこの5つです。この5段階項目を言語化できていれば、あなたが扱っている商品は顧客に正当に評価され、興味を持ってもらえるようになります。

これは3章で詳しく説明しますが、社内で自分の意見や感覚を言語化する際も同じです。社内で新商品の企画を作る場合も、その商品の価値を考え、差別化となるポイントを考える。そして自社の信頼性や顧客が納得してくれるためのプロセスを言語化し、最後にその商品を販売していくためのアクションプランを言葉にする。

上司からの指示も言語化のポイントを押さえて確認すれば誤解もなくなります。部下への依頼も、あなたがしっかり言語化して伝えることでお互いにストレスなく仕事を進められます。

ビジネスでは5段階項目を言葉にすればうまくいく

自社の商品をキャッチコピーで表現する必要はありませんし、無理に短く説明することも不要です。ましてや、「うまいこと言ってやろう」なんて考えなくていいんです。

ビジネスで顧客に販売することを目的にした場合、伝えなければいけない項目は「価値」、「差別化」、「自社の信頼性」、「価値が提供される理屈」、「行動」の5段階に集約されます。

商談やプレゼン資料の中でこれらを語ればいいいし、社内の会議で考えることもこの5段階項目を言葉にしていけばいい。

ただ、これで終わってしまうと意味がありません。こんなことをすればいいというある種の目標を提示しただけで、「どうすれば言語化できるのか」がわかりません。価値を言語化しようと思っても、どうすればいいかわかりませんね。そもそも「価値」とは何か？　を明確に捉えているケースはほとんどありません。なので「価値を言葉にしよう」と思っても、どうしたらいいのかわからないんです。

差別化や自社の信頼性も同じです。他社と違う点を伝えれば差別化になるのか？　だとしたら、「他社と弊社は、会社の住所が違います」のようなポイントでもいいのでしょうか？　また、自社の信頼性とは「創業○年」などの歴史を表現することで伝わるのでしょうか？

どちらも違います。差別化とは「他社と違う点」ではありません。他店と看板の色が違ったとしても、それは「差別化戦略」とはいえません。単なる相違点を出しても差別化を語ったことにはならないんです。

また業歴を伝えれば信頼性を感じてくれるとも限りません。もしかしたら単に古い体質の企業と受け取られてしまうかもしれません。

ではどうすればいいのか？

ここでもまた「どう伝えるか」ではなく「何を伝えるか」が重要です。価値を伝えるためには、「何」を伝えればいいのか？　差別化は「何」を伝えることで理解してもらえるかを考えていかなければいけない。

ここが難しい。

自分は伝えたつもりになっているけど、相手には伝わっていない。そんなケースがたくさんあります。自分がどう思うかではなく、相手が理解できなければいけませんね。

次の章で、顧客に刺さるビジネス要素が言語化される考え方と、それを具体的に言葉にできる言語化フォーマットを紹介します。

第 3 章

「すごい言語化」を自分のものにする

言語化をするためには、まず「考え方の型」が必要

自分の容姿が相手にどう見えているかは、自分一人で判断することができません。同様に、自分が使っている言葉が相手にどう理解されているかは、自分一人では判断できません。自分のことはよく見えないんです。

ぼくは19歳のときから本を書き始め、本書で63冊目です。言葉だけで相手に興味を持ってもらい、内容を理解してもらい、行動を促しています。多くの企業案件にも携わり、企業の経営者とマネージャーがメンバーに発信している言葉をどんどん変えてきました。伝わる言葉に言語化する作業は圧倒的な量をこなしています。言語化能力を上げるためのトレーニングがいろいろと提示されていますが、ぼくは経験上、まずは「型」に従うところから始めるのが最も早いと感じています。

ぼくがまず、この言語化の型に従ってほしいと思うのは、そうすることで伝えるべ

き「何」が明確になるからです。

一方で、表現が画一的になったり、他の人と同じになってしまったりすることを懸念し、型にならうことが嫌がられるケースがあります。しかし「型に従う＝他の人と同じ表現になる」ということではありません。

型に従えば、言語化で一番大事な「何」が明確になります。そしてそれが明確になれば、あとは多少言い回しを変えても構いません。その「何」が相手に伝わりさえすればいいので、あとはそれを自分なりの表現にアレンジしても問題ありません。

すでに記載した通り、ビジネスでは5段階項目だけ言語化できていれば、ほぼすべてのビジネス案件に対応できます。

ＰＩＤＡの4法則のうち目的（P）は、ビジネスで顧客からの評価を上げ売上を立てること、としましょう。そして、そのために顧客に対して提示しなければいけない項目（I）が先ほど解説した5段階項目です。

ここまでは決まっています。ですから、ここからは「D（項目の定義）」と「A（言語化フォーマットに当てはめる）」を扱っていきます。

それぞれの項目（価値、差別化、信頼性、価値提供プロセス、相手に取ってもらいたい行動）をどのように定義し、どんな言語化フォーマットに当てはめればいいかを考えていきます。

ビジネスで必要な言語化の5段階項目

第1段階　価値を言語化する

価値を提供しなさい。
価値が高い商品を作ろう。

そんなことが日常的に言われていますね。そして、世の中には価値がありそうな商品がたくさん売られています。おもしろい商品、きれいな商品、珍しいもの、豪華なもの、いろんな商品があって、それぞれ「価値」を持っていそうです。こうなると、何を打ち出していいのかわからなくなります。

商品が持つエンタメ性を語ればいいのか？
見た目のかわいさ、きれいさを訴求するのか？
希少性を伝えるのがいいのか？

など、どれもアピールポイントになり得るし、どれも捨てがたい。漠然と考えているだけではどこに目を向けていいかわかりません。

そしてふと冷静に考えてみると「価値とは何か？」がよくわかりません。定義がされていないんです。価値を提供したいのはやまやまですが、肝心の価値とは何なのか、どうしたら価値を提供したことになるのかがわからないのです。これは形も色も名前もわからない見たことがない宝物を探すようなものです。見つけられるわけがありません。

見つけられるはずもないのにみんな探しに行きます。そしてみんな自分の感覚で「これが宝物に違いない」と持ってきます。たまたまそれが宝物のケースもありますが、ほとんどは外れています。でも自分ではそれが宝だと信じているので「宝物を持ってきたのに評価してくれない」と不思議がっています。

これではいつまでたっても、顧客が欲しい宝物を見つけることはできません。そして、自分の勘で持ってきた宝物をどう表現しようと、顧客は買ってくれません。それは価値ではないからです。

価値を表現するためには、まず価値とは何か？ に目を向け、それを定義しなければいけません。

「価値」を言語化しようとすると「素材」を語ってしまう

自分の価値を相手に伝えるとき、自社商品の素材やスペック、技術力の高さを語ってしまうことがあります。

この商品には○○という成分が入っています！
希少価値の高い材料を使っています！
この技術を持っているのはうちしかありません！

このように自社商品のクオリティがいかに高いかを話し始めてしまいます。しかし、これではあなたが提供している価値は伝わりません。というのは、相手が欲しいのは「素材」「技術」ではないからです。

かつて、高度成長期あたりの日本では、モノ不足で多くの人が満たされていませんでした。生活の中に足りないものがたくさんあったので、モノがたくさん売れていましたね。そんな時代ではお客さんが買うことはほぼ確定していました。商品を出せば基本的には買ってもらえた。そんな時代に提供者側が考えるべきことは、「ライバル商品ではなく、自社商品を選んでもらうこと」でした。売り場にお客さんが来るのは確定していたので、その売り場で選んでもらえればよかったわけです。

だからライバル商品と比べて「うちはこんなスペシャルな素材を使っている」というようなフレーズで買ってもらえたのです。

「ビジネスは相手の課題解決」だとわかっていても、自分目線から抜けられない

自分の商品のウリや価値を表現しようとする際に、自分目線になってしまうことはよくあります。そもそも商品の「ウリ」を考えたら、自分が相手に売りたいポイントに目が行ってしまうのは自然なことかもしれません。

顧客が商品を買うのは、「欲しいから」です。エンタメ商品の場合は少し違いますが、実益的な商品を想定すると、顧客がそれを欲しいと思うのは、「自分がしたいことができるようになるから」です。現状、何かに困っていて、その困っている状況を解決させるために商品を買うという発想ですね。

ぼくが在籍していたリクルート社では、これを「不」と呼びます。不とは、不満・不安・不足・不便などの総称で、顧客が直面しているマイナスの状況のことを指します。そしてリクルート社では、相手の「不」を解決するからこそ、それがビジネスになると考えています。

まずは自分たちが「ウリ」たいものではなく、相手の「不」に目が向いていないといけません。相手のどんな課題を解決するのか、どんな困った状況を改善させてあげるのかを言葉にしなければいけないわけです。

こう説明すると、すぐに理解して賛同してもらえるケースが多いです。そして多くの方が、顧客の不に目を向けて自分の商品を説明しようとします。ただ、ここでもまだうまくいきません。というのは、ほとんどのケースで自分たちが提供したい「ウリ」をただ単にひっくり返して「課題」にしてしまうからです。

以前、企業向けにお弁当を配達している会社さんにコンサルティングに入りました。この会社さんも自分目線から抜け出せずに苦労されていました。

その企業では無農薬の野菜にこだわり、できるだけ天然に近い素材でお弁当を作っていました。そしてその「天然」を「ウリ」にしていました。この企業の経営者さんも、商品担当者も顧客目線になろうとはしていましたが、どうしても自分目線の表現になっていました。それは、「ウリ」を保持したまま顧客の「不」を言葉にしていたからです。そして、「無農薬などの天然素材のお弁当を食べたいけど、買えずに困っている人が顧客」という言い方になっていました。

これでは価値を定義したことになりませんし、顧客が持っている課題を言語化したことにもなりません。無添加・無農薬などを好む人は一部にはいるでしょう。しかし、本来顧客は天然の食材が欲しいのではありません。天然食材のお弁当を食べることで、自分に何かしらのいい影響があるから欲しいと思うだけで、その「天然」が欲しいわけではないんです。

自分目線から抜けられない、相手のことを考えているつもりでも、自分が売り込みたいポイントに目が行ってしまう。こうなってしまうのは、価値の定義が明確にされていないからです。価値を定義しましょう。それを定義した後は、この商品の打ち出し方がガラッと変わり、これまでとまったく違う表現ができるようになったのです。

価値を言語化する①
それが与える変化に着目する

自分が相手に与える価値を言語化していきます。そのためにまず、価値の定義をします。価値とは何か？　を考えたとき、いくつかの定義があり得ます。一番の定義は「価値は変化である」です。

つまり、「商品やサービスを通じて相手に変化を提供できれば、その商品サービスは価値を持つ」ということです。

通販番組やパーソナルトレーニングジムの広告でビフォアアフターが強調されていることがあります。あれが「商品を買ったときに顧客が得られる変化」です。ダイエットサプリの紹介でも、必ずと言っていいほど「使用前・使用後」の写真が使われますよね。もしくは「ウエスト マイナス10センチ！」などの変化が語られています。

素材を語られてもピンとこないのは、その素材があることによってどんな変化が得られるかがわからないからです。漠然と変化のイメージを想起させる素材もあります。「無添加・無農薬」と伝えると、「なんかカラダによさそうだな」とイメージされるかもしれません。ただ、イメージされるだけで、価値は伝わりません。

自社商品が変化を提供できるなら、提供者がそれを言葉にして伝えなければいけません。

ただ当然ながら、変化であればどんなものでもいいわけではありません。人が欲しいのは「自分が欲しい変化」です。なりたくない変化を提示されても嫌ですからね。

そして、もっと言うならば「欲しいけど、自分一人では達成できない変化」です。自分で簡単にできてしまう変化であれば、誰もお金を払って商品を買おうとしません。

ぽっちゃりしていた人が痩せる、給料が安かった人が高給取りになる、残業をたくさんしていた人が定時に上がれるようになる、腰の痛みが取れる（腰が痛かった人が痛くなくなる）など、自分が欲しい変化があります。その欲しい変化の中で「自分で頑張ってみたけど一人では実現できない変化」をお金を払ってまで叶えようとしているわけ

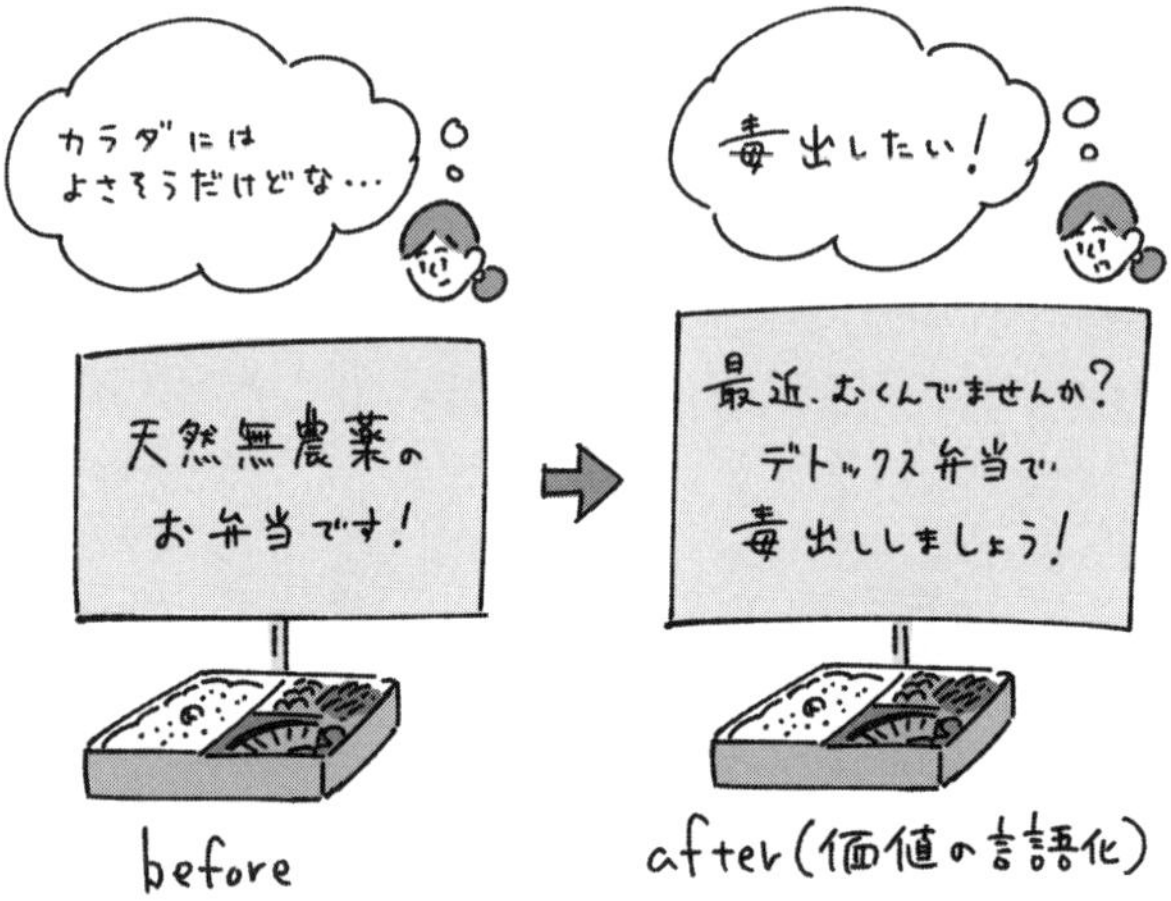
カラダには
よさそうだけどな…
天然無農薬の
お弁当です!
before
毒出したい!
最近、むくんでませんか?
デトックス弁当で
毒出ししましょう!
after(価値の言語化)

です。

先ほどのお弁当のケースでは、先方のお話を伺ったうえで、この企業のお弁当は「無添加・無農薬」ではなく、「毒出し」をテーマにすることを提案しました。守秘義務があるので正確には言えませんが、従来のお弁当では体内に毒を溜めこんでしまう、このお弁当を食べることで、デトックス効果が期待できる、というような話です。そしてその結果、この言語化がヒットし、このお弁当商品の売上は3倍以上になりました。お弁当の中身は一切変えていないにもかかわらず、価値を言語化できたから売上が急拡大したんです。

そしてあなたの商品が、顧客が望んでいる変化を与えられる場合、それを言葉にすれば価値を伝えられることになります。この場合、単純に「(この商品を使えば) Aだった人がBになる」と表現すればいい。

説明したように相手が欲しい変化でなければ価値にならず、また相手が自分で簡単に達成できてしまう変化は大きな価値にはなりません。ですから表現にもその意味を加えます。

「この商品を使えば、あなたができなかった (もしくは苦労していた) A↓Bの変化が得られます」

というフレーズで伝えるのです。そうすれば、相手は価値を感じてくれます。

ここで注意したいのが、変化には必ず「ビフォア」と「アフター」の両方の明記が必要、この両方を語らなければ変化にはならないということです。変化を語ることに目が向いていても、アフター (結果) しか言葉にしないケースがとても多いです。

気分がよくなる、痩せる、売上が上がる、社員同士の議論が活発になる、などなど、アフター（期待できる結果）だけ表現して変化を語ったように思えてしまうケースが非常に多いです。しかし、「ビフォア」も語らなければ変化になりません。というのは、誰を対象にした商品サービスかがわからないからです。

「気分がよくなる」だけでは、誰向けで、どんな不快感を対象にしているのかわかりません。風邪の症状なのか、二日酔いなのか、もっと重たい病気なのかがわかりませんね。

売上が上がると言っても、個人事業主向けに月10万円アップの話をしているのか、上場企業向けに月10億円上がることを語っているのかわかりませんね。

変化は必ずbefore & afterの両方を語らなければいけません。

価値を言語化する②
それが与えるテンションに着目する

価値になる2番目の要素は「テンションが上がるもの」です。

自分がそれを得ることで変化する場合、その商品サービスは価値を持ちます。でも、それは実用的な商品サービスに限ります。高級旅館に泊まりに行って、「この宿はお金を払う価値がある」と感じるのは、その旅館に泊まることで自分の何かの能力がレベルアップするからではありません。スマホにダウンロードすればアルバム1枚を2500円程度で済むのに、わざわざ1万円くらい払ってアーティストのライブに行くのは、ライブ会場で何か変化を得られるからではありません。

そこに行くことで自分のテンションが上がるから、高いお金を払ってでも行きたいと思うのです。つまり、自分のテンションが上がるものは価値になるんです。だから「座っているだけ、寝るだけの宿」に高いお金を払うし、ライブ会場で聞きづらい音楽に何倍ものお金を払うんです。

テンションの上がり方はさまざまです。ライブやテーマパークなど、はしゃぐ系のテンションもあれば、極上空間でリラックスする静のテンションもあります。いずれにしろ、自分の気分が高揚したり、満たされたりするものは価値を持ちます。

自分の商品が相手のテンションを上げるタイプのものの場合は、変化を伝えるよりも、その商品を買ったあとのイメージが膨らみ妄想を抱けるようなことを語ることが大切です。

たとえば、ハワイに旅行できるとなったらテンションが上がりそうです。さらに、「ワイキキビーチで昼寝した後に、近くのカフェでビールを飲んだりできそうですよね」と情景を語れば、より相手のテンションが上がります。

「五感に訴える」とは？

相手により強くイメージしてもらいたいとき、相手の五感に訴えろ、しずる感を出せと言われることがあります。たしかに文章で淡々と説明するのではなく、臨場感を持って表現できれば、より価値が伝わるかもしれませんね。

ですが、冷静に考えてみると「五感」に訴えることはできません。五感とは、視覚・聴覚・嗅覚・味覚・触覚ですね。これらにどうやって訴えるのでしょうか？

視覚に訴えることはできます。では、どうやって嗅覚に訴えるのでしょうか？　味覚に訴えるんでしょうか？　食べ物ならわかりますが、そうじゃない場合、食べてもらうことは不可能です。

五感に訴えるというのは、単なる比喩です。五感に訴える目的はわかりますが、五感に訴えることはできません。これも言語化がされていない言葉です。

五感に訴えるとは、相手に妄想してもらうことだと理解しましょう。相手に「この商品を買ったら、私はこんな感じになるかなぁ……」と妄想してもらうこと、それが五感に訴えることです。

相手に妄想してもらうためには、イメージ（映像・画像）で示すほうが効果的です。ダイレクトに相手が妄想を見ることができます。ただ、最終的に映像・画像で表現するにしても、どのポイントを提示すれば相手がいい妄想をしてくれるかは言葉で整理しておかなければいけません。

そうでないと、単にきれいな写真を使ったり、背景をぼかしたアーティスティックな映像を使えばいいと考えてしまうことになります。まずは、相手はどんなことにテンションが上がるか、顧客はどんな妄想を抱きたいか（どんな世界に憧れているか）を言葉で示しましょう。

価値を言語化する③
その商品に持っている「異様なまでのこだわり」に着目する

人が感じる価値の3つ目は、「提供者の異様なまでのこだわり」です。

提供者のこだわりが異様に強い場合、そこに価値を感じます。たとえば、以前、超高級納豆を生産者さんが直売していました。ひとつ1000円でしたので、一般的な納豆と比べて20倍以上の値段です。なぜそんなに高いのかを生産者さんが語ってくれましたが、正直あまり意味はわかりませんでした。しかし、彼の熱狂ぶりは十分伝わり、話を聞きながらぼくはどんどん彼の熱意に興味を持つようになりました。

本来、ぼくが買うのは納豆なので、納豆がおいしいかどうか、1000円を払う価値があるかどうかが重要なはずです。そして、生産者が熱狂しているかどうかはあまり関係ないはずです。ですが、そこまでの異様なこだわりを見せられると「おもしろそうだから買ってみる」と感じます。消費者側が理解できないほどの熱は価値になるんです。

農作物でも生産者の想いが詰まっている場合、面白さを感じますね。そしてそのこだわりを自分も体感してみたいと感じることがありますね。もともとはそんなに欲しいと思っていなかった商品でも、生産者の異様なこだわりを聞いた後は、それが欲しくなる。

この「こだわり」は、前の2つの価値とは違い、実際には顧客に得はありません。相手が勝手にこだわりを持っているだけで、それは本来自分には何も関係ないはずです。それを買っても特に変化は得られません。生産者がこだわりを持っているだけで、自分がそれを手に入れたときにテンションが上がるわけでもない。でも相手が異様にこだわりを持っているものは、その異様さを体感したいと感じ、価値を感じるのです。

「価値にならない」もの

価値の3つの定義を説明しました。これらが価値になり得るものです。そして逆にいえば、これら以外は価値にはならないということです。

いくらいい素材を使っていたとしても、

- それが顧客が欲しい変化をもたらさない
- それを使っているからといって、顧客のテンションが上がるわけじゃない
- あなた自身もその素材に強いこだわりがあるわけではない

としたら、その素材は単に「いい素材」なだけです。価値ではありません。

かつて会社勤めをしているとき、主婦向けのサイトを運営する事業部に異動になりました。みんな一生懸命にクライアントに提案し、朝から晩まで働いていました。た

だ、ぼくにはそのサイトの価値がまったく見えてきませんでした。要は、このサイトってどんな意味があるの？　と感じていたんです。

そこで、異動して1カ月くらいたったとき、先輩社員に率直にこのサイトの価値とは何か？　を質問したんです。その人は半分あきれた顔で「このサイト便利でしょ。それが価値」とだけ言いました。

このフレーズを聞いたとき、ものすごい違和感を抱いたのを覚えています。しかし、ぼくも違和感をどう伝えていいのかわからなかったので、そのまま会話を終えてしまいました。

サイトが便利なのは結構なことですが、便利なサイトはネット上にごまんとあります。価値があるサイトの使い勝手がいいのはうれしいです。しかし、価値を表現せずにただ「便利です」と言われても誰も使いません。

以前、Ｗｅｂマーケティングのセミナーに出たときにもこんなことがありました。講師の方が、顧客の注目を集めるために、価値あるコンテンツを発信すべきだと熱く語っていました。たしかに価値あるコンテンツを出したほうがいいのはその通りです。でもその「価値あるコンテンツ」とは何なのかがわかりませんね。

会場からその「価値あるコンテンツ」について質問が出た際、その講師の方は、「価値あるコンテンツとは、お客さんにとっての『いいこと』です」と答えました。

この講師の方が言いたいことはなんとなくはわかります。でもなんとなくしかわかりません。むしろこのセリフを聞くと余計混乱し、価値とは何かがまったくわからなくなります。

顧客にとってのいいことが価値になるのであれば、店舗の立地や内装の快適さ、商品パッケージのデザインなど、顧客が気に入りそうなものはすべて「価値」になります。これはおかしいです。もしそれらが価値なのであれば、店舗の内装が快適であることに対して顧客がお金を払っていることになります。快適さは必要です。でも顧客は商品の価値にお金を払うのであり､店舗の快適さに払っているわけではありません。

たしかに顧客にとってのいいことが増えれば、その商品サービスに対する印象はよくなっていくでしょう。ですが、それが決め手になりますか？　パッケージのデザインがいいから買うのでしょうか？　つまらない商品を扱っていても、立地が良ければお客さんが来てくれるのでしょうか？

そうではありません。『お客さんにとっての『いいこと』』は、顧客にとって「あったらあったでいいけど、なくても特に気にしないポイント」です。それを並べたところで、顧客は選んでくれません。つまりそれは顧客にとっての価値ではないということなんです。

「なぜ？」を繰り返しても本質は見えてこない

「なぜ？」を5回繰り返して自分に問いかければ、物事の本質に辿り着ける、という言い方もあります。何かトラブルが起きたときに、表面的に理解してその都度対処するのではなく、それがなぜ起きたのか？　またその原因はなぜ生まれたのか？　その原因の原因はなぜ発生したのか？　などを深く考えていくという思考法です。

この思考法は、トヨタ社の現場で作られたもので、モノづくりの現場で課題を解決するためには非常に有効です。トラブルを表面的な解決で終わらせず、トラブルが起きた原因の原因までたどって根本治療をしていくために大切な視点です。

ただし注意点があります。この「なぜ?」を繰り返す場合、正しく「なぜ?」を繰り返していかないと、どんどん方向性がズレていってしまうんです。

たとえば、この数年、ぼくは筋トレをかなり頑張っています。自分でやりたいからやっているだけですが、それでは伝わらないので、「なぜ?」を繰り返して本質を探っていきます。

1 筋トレを始めた　**それはなぜ?（なぜ筋トレを始めたの?）**

2 健康体になりたいから　**それはなぜ?（なぜ健康体になりたいの?）**

3 痛風を防ぎたいから（ぼくは痛風持ちなんです）　**それはなぜ?（なぜ痛風を防ぎたいの?）**

4 ハワイで水上バイクをしたいから　**それはなぜ?（なぜハワイで水上バイクをやりたいの?）**

5 壮大な景色の中でハワイの風を感じたいから　**それはなぜ?（なぜハワイの風を感じた**

い?)

6 普段は感じられないから　**それはなぜ?(なぜ普段は感じられない?)**

7 日本にはなかなか無い景色だから　**それはなぜ?(なんで日本にないの?)**

そんなの知りません。地理的、歴史的な事情じゃないですかね。

7回「なぜ?」を繰り返した結果、ぼくが筋トレを良いと思っているのは「地理的・歴史的な事情じゃないですかね」という言葉に辿り着いてしまいました。これが正しい答えじゃないことは明らかです。

そして、お気づきになりましたでしょうか? 最初の4回のなぜは「目的」を問うています。一方で、後半3回のなぜは「理由」を探る問いになっています。

なぜを繰り返せば本質に辿り着けると考えるのは誤解です。正しく問い続ければ正しい答えが見つかります。ですがほとんどのケースでは正しく問いかけすることができず、答えも違うものになってしまいます。そして、正しく問いを立てるのは非常に難易度が高い。知らない間に別の方向に頭が行ってしまいます。

「なぜ？」を繰り返して本質に辿り着くのは非常に難しいです。トヨタがこの考え方で本質に辿り着けたのは、現場が目の前にあり、考える対象が絞られていたからだと感じます。トラブルの現場が目の前にあったり、物理的な対象物がある場合は「なぜ？」を適切に繰り返すことができます。たとえばこんな流れです。

■作業が中断されてしまった　**なぜ？**

■必要な備品が手元に揃っていなかったから　**なぜ？**

■作業前に揃えておかなかったから　**なぜ？**

◀**毎朝のチェックリストから漏れていたから**

ここまで考えることができれば、作業が中断された理由が「チェックリストからの漏れ」であることに気づけます。そして適切な行動を取ることができます。それは問題の原因が目に付きやすいからです。

ですが一方で、商品が思ったほど売れない、値引きを要求されてしまう、などの「課題」の場合は、想定される原因がいくつもあり得ます。それらの原因の中で妥当なものに目が向いていなければ、考えを進めたところで意味がないんです。

顧客は、自分が欲しいものを言語化していない

「顧客に何が欲しいか聞けば『より速い馬が欲しい！』と述べただろう」

これはヘンリー・フォードの言葉です。この言葉は、顧客は自分自身で何が欲しいかがわかっていないという状況説明に使われます。ご存じの通り、フォードは「もっと速い馬」ではなく、自動車を提供しました。顧客に欲しいものを問いかけた場合、出てくる言葉は顧客が想定できるものの範囲内です。当然ながら、自動車がない時代

に「自動車が欲しい！」とは言えないわけです。

スティーブ・ジョブズもこのフレーズを引用し、同様の主張をしています。その結果、完成したのがｉＰｈｏｎｅですね。

顧客は自分で欲しいものがわかっていません。自分のことは自分が一番わかっているはずですが、自分の感覚を明確に言葉で認識している人はかなり少ないです。顧客から「こういう商品が欲しい」といわれても、その言葉をそのまま受け取るのではなく、あなたから「現状のこんな状態を、このように変えることをご希望でしょうか？」など、価値を例示する言葉を出し、認識を揃えましょう。

しかし、多くの企業が素材や自社の技術を価値と捉えて、その視点から抜け出せていません。これまで自分の商品を素材推し、技術推しでしてきた場合、これからもついつい自分たちの要素の質の高さに目が行ってしまいがちになります。そういう思考パターンを変えるには、要素を起点にした変化に着目する手法を取ります。

たとえば、自社商品が採用している生地がイタリア産で超特注のレアものだとしましょう。たしかにすごそうですが、一般消費者的には「すごそうですね」くらいしかわかりません。おそらく価格と見合った評価はしないでしょう。希少価値があることは理解できたとしても、顧客は自分にとって価値がなければ買ってくれません。

このときに自分の思考を変えるためには、「だとしたら、どういう変化を相手に起こせる？」と問いかけることです。

うちの商品は、イタリア産の超特注生地を使っています

↓

だとしたら、どういう変化を相手に起こせる？

このように発想すれば、自分の推しポイントを起点にして価値を言語化することができます。その素材を使うことで、相手に与えられる変化をまずリストアップしてい

きましょう。

たとえば、

「めちゃめちゃ肌に優しい素材なので、肌荒れに悩んでいる人でも毎日着られて、むしろ肌質が改善していく」

「誰も着ていないような特徴的な素材なので、大人数が集まる場で目立てなかった人が、注目を集められるようになる」

などです。

第2段階 差別化を言語化する

ぼくらが素材や技術を強調してしまう本当の原因

あなたは、自社商品を顧客に売り込むとき、どのように差別化を伝えていますか？

あなたの部下は、顧客に差別化ポイントを明確に伝えられていますか？

ぼくらが自分の商品サービスを買ってもらいたいと考えるとき、自分の要素に目を向けがちです。そして素材を伝えたり、自社技術を解説したりしますが、それは価値にはなりません。自社が持っている素材や自分が掲げている理論はあくまでも価値を発揮するための材料にすぎません。その材料を強調しても、顧客は「買いたい」とは思いません。

また、多くのシーンで商品の提案が、自分目線の売り込みになってしまっています。もちろん誰も「自分目線になろう」とは思っていませんし、顧客の立場になって考えたいと考えています。しかし結果的にほとんどのケースで自分目線から抜け出せていません。

ではなぜ自分目線になってしまうのでしょうか？

それはライバルとの「差」を考えているからです。普段からライバルを研究したり、ライバルの商品サービスを注目しています。それ自体は自然なことですし、重要なことでもあります。

しかし、ライバルを見るのに慣れてしまうと、いつの間にかライバルとの競争になってしまいます。ライバルがこれをやってきたから、うちはそれを上回るようにしなきゃ、ライバルがこの素材を使っているからうちはもっといいこっちの素材を使おう、と考えるようになってしまうのです。

本来、ビジネスの目的は顧客に価値を提供し、対価をいただくことです。企業は顧客を見るべきですよね。そして、顧客が望んでいるものを提供することが「ゴール」

のはずです。しかし、ライバルを意識するがあまり、ゴールを見ずに、横のライバルを見ながら走っているような感じになってしまう。そして、横を見ながら走っているので、いつの間にかゴールからそれて全然違う方向に走っていってしまうこともあります。そんな企業は多いのではないでしょうか？

言葉が悪いとミスリードされる

「付加価値」の危険性

正しく言語化できていれば正しく見えてきますし、正しい行動につながっていきます。そして同時に、間違った言語化がされてしまうと、間違った認識がされるようになります。そして間違った認識は、ぼくらに間違った行動をさせます。そのひとつが「付加価値」という言葉です。

何か新しく商品サービスを提供したり、業績改善案を考えようとすると、「付加価値」という言葉が頭に浮かびます。既存の商品と比べて、より付加価値がある商品じゃないと、と考えるわけです。

もちろん、既存商品より価値が高いものでなければ、新しく出しても市場で勝てません。ですが、「付加価値」が必要かというと、必ずしもそういうわけではありません。

付加価値を出さなければと考えるとき、多くのケースで「付け加える」ことを考えています。付加価値がそういう文字（漢字）なので、どうしても何か付け加えることが必要だと思ってしまうのです。ただ、何か付け加えられたからと言って、欲しい商品になるわけではありませんね。

たとえば、テレビの新機種を開発しているとしましょう。付加価値を出すために、これまでのテレビになかったカレンダー手帳機能をプラスするとします。テレビを見ているときに、今週・来週の予定を通知してくれたり、秘書さんのように時間を教えてくれる機能を追加しようと考えました。

ぼくが知る限り、この機能は既存のテレビにはなく、新しいです。新しい機能を付け加えたまさに「付加価値」です。

ですが、この機能を欲しがる人はいるでしょうか？　この機能があるから、このテレビを選ぼうとする人はいるでしょうか？　この機能をつけることでテレビの新機種の売上が伸びるとは到底思えません。

付加価値を提供しようとすると、どうしても何か新しく付け加えなければいけない、という発想になってしまいます。新機種を出すたびに「何か付け加えなきゃ」と思っていると、だんだん無理やり考えた機能を付けることになります（むしろすでに電化製品の世界はそうなっているかもしれません）。

これは、その人の経験や能力がないからではなく、「付加価値」という悪い言語化によって発想をミスリードされた結果です。

差別化に対する誤解

「USP」はいらない

差別化を意識したとき、よく登場するワードがあります。「USP（ユニーク・セリング・プロポジション：独自のウリ）」です。独自のウリがあれば、他社と差別化できて自社の商品を選んでもらえるという発想です。もともと海外から入ってきた考え方で、入ってきた当時は多くの企業がUSPに目が向いていたように思います。

たしかに、独自のウリがあれば、選んでもらえる理由になるでしょう。ただし結論から言うと、この考え方はとても危険です。どう危険なのか？　なぜ危険なのか？　それを解説します。

ビジネスを始めるときに、この「独自のウリ」が必要だとよく言われます。たしかにそうだろうなと、納得感があります。ライバルと似たようなものを並べていてもお客さんは来ませんからね。

　独自のウリを「正しく」持つことができれば、ビジネスに有効でしょう。しかし、「独自性」にしろ、「自分だけ」にしろ、お客さんを見なくなる可能性が高くなります。

「独自」「自分だけ」を考えるときに意識しているのはライバル商品ですよね？　ライバル商品と比較して、「こんなことをやっているのは自分しかいない」と言っているわけです。

　しかしそれは本来顧客には関係のないことです。その商品を売っているのがあなただけだろうが何だろうが、顧客には関係ありません。顧客が欲しいものは「顧客自身が欲しい商品」であって、「あなたしか提供していない商品」ではありません。

　たとえそのような商品が世の中にまったくなかったとしても、不要であれば買いません。ライバルもいないかもしれませんが、顧客もいなくなります。これは「ユニーク」なのではなく「アローン（alone）」の状態になるだけです。

商品を買ってもらうときに、まず大事なのは「相手が欲しいと思うものを提供すること」です。仕事をするときに大事なのは、まず「相手が望んでいることをすること」です。要は、自分がオンリーワンかどうかの前に、それを相手が望んでいるかを考えなければいけないわけですね。

USPという言葉は、自分がオンリーワンでありさえすれば相手が評価してくれる、商品が売れるという誤解を招きやすい。

ぼくらに必要なのは、「自分しか売っていないもの」ではありません。相手が欲しいものを自分しか提供していなかったら、それは本当の意味でのUSPになります。

この視点の入れ替えがとても大事です。でも視点を入れ替えてもまだ終わりではありません。多くの方が次のステップで同じミスをします。

「違い」を打ち出しても差別化はできない

そもそも、差別化は「違い（difference）を打ち出すこと」ではありません。差別化は英語で「differentiation」で、違いを打ち出すこと的なニュアンスがあります。しかしそれでも差別化は「違いを打ち出すこと」ではありません。ここを誤解してしまうと、差別化を打ち出しているつもりで、まったく別のものを表現してしまうことになります。

ぼくは本を書く作家でもありますが、同時に出版社も経営しています。出版業界では、他の本との「差別化」をかなり重要視していて、「これまでの本とどこが差別化できるか」を常に考えています。

かつてぼくの出版社で本を出すとき、編集を担当していたメンバーから差別化のための作戦を聞きました。

「この著者の過去の本や、同ジャンルの本と差別化するために、今回はイラストレーターを変えます。イラストをガラッと変えれば差別化できると思います」

その本の著者さんはこれまできれいめなイラストを多く使用していました。その方の好みなのでしょう。今回も同じようにきれいめのイラストを使うと、これまでの本と同じ印象になってしまう、だからイラストのテイストをガラッと変える、ということでした。

ただ残念ながら、これは差別化ではありません。イラストを変えたからと言って差別化はできません。イラストを変えることでできるのは「区別」です。イラストを変えれば、他の本と区別できるので、過去の本と間違われることはないでしょう。でも区別できれば買ってもらえるわけではありません。

差別化は、区別してもらうために行うものではなく、「別の商品ではなくあなたの商品を選んでもらうため」に行い、そのような要素でなければいけません。

何に着目すれば差別化が表現できるのか？

先日、新しくテレビを買いました。家電量販店には何十台もモデル機種が並べられていて、どれもすごく画質がきれいです。どの機種も同じように高性能で、サイズ以外はすべて同じに見えます。おそらく、テレビを買いに来たほとんどのお客さんがサイズ以外は自分に合ったものを選べないでしょう。

店員さんに声を掛けると「液晶と有機ＥＬはどちらがご希望ですか？」と聞かれました。ですが、ぼくはその2つの区別がつきません。それぞれの特性を教えてもらいましたが、それがぼくの生活にどう影響するのかはわかりませんでした。

その他にも店員さんは丁寧に教えてくれます。この機種はYouTubeやNetflix、ABEMAのボタンがついていてすぐ見ることができる、とか、この機種は非常に薄型で場所を取らない、とか。どの売りポイントも意味はわかれど、ぼくには響きませんでした。

さらにいえば、最近の機種はどれもネットにつながり、どの機種も簡単操作でYouTubeなどを見ることができます。そして特に薄い機種でなかったとしても、だいたい薄いです。つまり、どの売りポイントも「五十歩百歩」なんです。他社よりも少し優れているところを猛烈にアピールされますが、その機種でなくても許容範囲です。となれば、その機種でなくてもいいし、「この点があるから選んでもらえる」という差別化ポイントにはならないんです。

これと同じような経験、あなたにもあるのではないでしょうか？

差別化は「他の商品との違い」ではありません。また、「他の商品と比べて優れている点」でもありません。差別化とは、「他のものではなく、あなたのその商品サービスを選んでもらうために打ち出すもの」です。そして選んでもらうために必要なのは、

「その目的は、他社商品では手に入れられません。うちの商品であれば手に入れられ

ます」

を言葉で伝えることです。他社商品では顧客がやりたいことができない、うちの商品だったらそれができると伝えることが肝なんです。

こう捉えてみると、かなりすっきりと見えてきます。先ほどの「イラストを変えて差別化を図る」といわれても意味がわからないですね。「他と比べて格段に薄いテレビ」も「テレビが格段に薄いことで、できるようになること」がわからなければ、惹かれるはずもありません。

差別化を表すための言語化フォーマット

ここで言葉にしなければいけない要素は3つです。

1 相手の目的（あなたは〜〜〜がしたいですよね？）

2 その目的が他社商品で手に入れられない理由（それは他社商品では手に入りません。なぜなら〜〜〜だからです）

3 その目的を自社商品で叶えられる理由（うちの商品であれば実現できます。なぜなら〜〜〜だからです）

もちろん嘘をついてはいけませんし、不当に他社商品を下げてはいけません。事実として「他社商品ではできないが自社商品にはできる」ということを伝えるのです。

これが差別化を伝えるための言語化フォーマットです。

言われてみれば当たり前のことかもしれませんが、この3つが言葉で表現されているケースはほとんどありません。多くの場合は、「うちの商品は最新の技術を使っています」「希少なこの材料を使っています」など、ライバル商品との違うポイントしか語っていません。

最新の技術を使っていようがいまいが、顧客はどっちでもいいはずです。顧客が気にしているのは、その商品に価値があるかです。言い方を変えるならば、

その商品を買えば、自分が欲しかった変化が得られるか、自分のテンションが上がるか

です。顧客は自分が求めている価値がそこにあるかを、まず気にします。そして、その価値を持っている商品を探していますね。もしその価値を実現できるのが、あな

たの商品だけであれば、顧客はそれを選んでくれます。ただし、そのことを明確に伝えなければならない。

「A社とは違います」とだけ伝えても、顧客はわかりません。というのは、顧客自身もじつは自分が欲しい価値を具体的に把握していないからです。なので、提供者側から「こういうことしたいですよね？」と話題に出さなければいけない。そうじゃないと顧客は自分が望んでいることに気づかないんです。

たとえば、リビングテーブルにテレビ、DVD、Fire TVなどのリモコンがたくさん並んでいた状態を煩わしく感じていた人は多いと思います。でもそれを「ひとつにまとめたい」という欲求は消費者からはそんなに上がってきません。単に「リモコンがたくさんあって邪魔」とは感じていたと思いますが、そういうものだと思っているので「リモコンをひとつにしたいなぁ」は言葉として出てこないんです。

顧客の願望は提供者が言葉にしてあげなければいけません。そして、「それをやりたいんだったら、他社商品では難しいです。うちの商品であればそれができますよ」と伝えてあげれば、顧客はあなたの商品を差別化して認識するようになります。

ビジネスで必要な言語化の5段階項目

第3段階 自分の信頼性を言語化する

たとえば、あなたが北海道や北陸など、雪がたくさん降るエリアに家を建てる計画をしたとしましょう。家を建てることに慣れている素人はおらず、わからないこともたくさんあります。そのときに、家のデザインやプランを作ってもらう建築家は信頼できる人にお願いしたいですね。

ではこの場合、「信頼できる」とはどういう側面でしょうか？

一般的に信頼できる人かどうかは、嘘をつかない、優しそう、お願いしたことを漏らさずにやってくれる、メールの返信が早いなどの要素で判断するかもしれません。しかしこの場合、優しそうだからと言って信頼できるとは言えなさそうです。メールのレスポンスが早くても、それが決め手にはならなそうです。

一般的な意味での信頼ができる人だったとしても、もしその人が南国にしか住んだことがなく、雪国の家をプランしたことがなかったら、どうでしょう?

雪国の家は詳しくないけど、人がよさそうだから大丈夫だよ、とは考えないと思います。人柄や仕事ぶりも大事です。しかしビジネスでの信頼性はそれ以上に大事な要素がある。そこに目を向けなければいけません。

『少年ジャンプ』の最後のページに載っていた広告

子どもの頃、『少年ジャンプ』を毎週欠かさず読んでいました。毎週月曜日の発売が本当に楽しみで、学校から帰ってからすぐに書店に買いに行ったのをよく覚えています。

そしてその『少年ジャンプ』の最後のページに載っていた広告を「こんな商品があるんだなぁ」と毎回友達と面白がってみていました。そこには、「お金持ちになれる水晶」とか「女性にモテモテになれるブレスレット」とか「身長を伸ばす機械」が紹介されていました。

それぞれそれなりの値段がしましたし、まだ子どもだったので、その広告を見て購入検討はしませんでした。単に面白い商品が紹介されている、という感覚しか持っていませんでした。ですがビジネスを始めてからは別の見方をするようになっています。その商品が珍しいものか、自分が欲しい結果を出してくれそうかという以外に、その商品を売っている人が「ちゃんとしているか」を見ています。

ちゃんとしているとは、服装が整っているとか、詐欺っぽくないかとか、そういうことではなく、「その価値を本当に提供できる人なのか」という意味です。相手が欲しい変化を与えますと言えば、興味は持ってくれます。お金持ちになれます、モテますなどのプライベート欲求でも、いい人材が採用できます、顧客の声が見えるようになりますなどのビジネス欲求でも、相手が望んでいる内容を示して「この商品を使ったらできますよ」と提示すれば興味は持ってもらえます。

でも興味を持ってくれるからと言って、買ってもらえるとは限りません。その人・

その商品に頼って成果が出る保証がないからです。

広告に書いてあるからと言って、その内容を鵜呑みにする人は少ないです。営業担当者から「御社の課題を解決できます」と言われたからといって、それだけで信じることもないでしょう。

相手（の商品）がそれを本当に実現できるか、すぐには信用できません。まず、相手の実績やこれまでの利用者の声を聴いてみたくなりますよね。通販番組でも必ずと言っていいほど「お客様の声」が紹介されています。

その商品が価値を持っていれば買ってもらえるわけではありません。その商品がうたっている価値が本当に実現されるか、相手は気にしています。そのためそれも併せて言語化しなければいけません。

信頼性を表現したいときの言語化フォーマット

結論を言えば、信頼性を相手にわかってもらうために目を向けるべき要素は２つです。

1 これまでの自社実績、成功事例
2 自分がその商品を世の中に広めたい理由

自社のこれまでの実績や業歴、商品を導入してくれたクライアントの数を伝えたり、それらの顧客に成果が出たという事例を声とともに伝えれば、お客さんは安心します。それだけの経験があれば今回も大丈夫だろう、と考えるわけですね。そして、先ほども紹介したように実際にこの過去実績は多くの広告や通販番組で提示されています。

そしてもうひとつ、自分自身の想いを言葉にすることで、あなたの信頼性は上がっていきます。あなたは何か商品を買うときに、どちらの人を信頼し、安心できると思うでしょうか？

A）その分野が流行りそうで、成長産業だと聞いて参入してきた人

B）ずっと前からこの商品の重要性を感じていて、その活動に従事してきた人

ビジネス的に、成長分野に参入するのは自然なことですし、悪いことではありません。しかし「この分野が成長産業で、儲かりそうなので始めました」といわれても、「なるほど、ではあなたの商品は安心できますね」とはなりづらいと思います。

一方で、「じつは私自身、過去にこういう悩みがありまして、それをずっと自分一人で克服しようと頑張ってきたんです。周りでも同じように感じている人がたくさんいて、この悩みを解消できる商品があったら絶対にみんなが喜ぶと思っていたんです。だから今その商品を手掛けているんです」と言われたらどうでしょう？

実際には同じ品質の商品を持っていたとしても、AとBでは、顧客が抱く信頼性が違います。

信頼性を伝えることを考えたとき、経営者の誠実さを語ったり、社会活動を報告したりしようと考えられるケースがあります。もちろんそれらは大事なことだと思います。ただし、社会活動をしているからと言って、その企業の商品サービスの質が高いか、それを買ったら顧客が望んでいる価値がしっかり提供されるかと言えば、そうではありません。残念ながら、慈善事業を多くやっているとうたっている企業のサービスが詐欺まがいである事例も、ぼくらは目にしたことがあります。

つまり、人のよさをアピールすることが信頼性につながるわけではないんです。

第4段階 価値提供プロセスを言語化する

「この壺を買ったら、あなたは幸せになれます」

これだけ言われて、その壺の効果を信じる人はまずいないと思います。なぜでしょう？　なぜって、壺を買ったくらいで幸せにはならないでしょ、と思うかもしれません。でも一方で、同じくらい高価な宝石を買って幸福感を抱く人はいます。この違いは何でしょうか？

壺も宝石も飾りです。何にも使えません。見るだけのものです。何かに使うことができないという意味では同じです。

しかし壺を買っても満足しないし、幸せにはなれないと感じます。それはなぜでしょうか？

価値の提供プロセスが見えないからです。

「壺を買う↓幸せになる」という図式のはずですが、壺を買うことで、どんな作用が起きて、どういうプロセスで「幸せ」の状態が実現するのかまったくイメージできません。「この壺を買ったら、幸せになれますよ」という日本語の意味はわかりますね。しかし、途中過程が見えないので、その価値を信じることができません。

一方で、宝石はそのイメージができます。

宝石を買うと……
↓お金持ちになった気分を味わえる
or 自分の価値も上がったような気がする
or 一流の女性に見られる

などの想定があります。そして、それが自分のなりたい女性像に重なっていて、「宝石を買う↓なりたい自分になれる↓幸せになれる」という図式が成立しています。だから宝石を買ったら幸福感を得られる。

壺も宝石も単なる物体です。それを「使う」ことはしません。単なるモノです。でも壺は怪しく、宝石は怪しくない。それは効果が出るプロセスが見えるかどうかなんです。

壺の例は極端かもしれません。ですが、一般的なビジネスでも同じようなことはよく口にされています。

会社のビジョンを示せば、従業員の離職率が下がる。

この人事システムを入れれば、社員の能力が見える化できる。

会議室のイスをなくせば、会議が活性化される。

どれも一理あるとは思いますし、実際にその価値があるものもあると感じています。

しかし、「○○をすれば××になる」の間が見えません。○○を取り入れることで、どのような流れで変化が生まれていくのかを示さなければいけないのです。

価値提供プロセスを示す言語化フォーマット

価値を言語化するだけでは不十分で、その価値がどのように実現されるかも言語化しなければいけません。そして「どのように実現されるか」は、価値が提供されるステップを明示すること、そして各ステップがどのような意味を持つかを明示することです。

先ほどの「幸せになる壺」のように、幸せになるステップがまったく見えないものはいくら価値を言語化しても相手は買ってくれません。信じられないからです。信じてもらうためには、壺を買って部屋に置くことで、空気中に○○という成分が放出され、その成分が精神を落ち着かせて、その周りにいる人の幸福感を高め……など、幸せにしてくれるステップを紹介しなければいけないのです。

社内の活性化を促すシステムに関しても同様です。「このシステムを導入すれば、社員の顔が見えるようになって、残業時間が20％減ります」。こんなフレーズで紹介されても意味がわかりません。社員の残業が20％減るのはうれしいことですね。価値は理解できるし、残業を減らしたい会社にとってはぜひ導入したいシステムかもしれません。ただし、これだけ言われても意味がわからない。どうやって残業が減っていくのかそのプロセスがまったく見えないのです。

システムを導入する

↓〜〜〜がこんな働きをする

↓社員の顔が見えるようになる

↓×××がこのように変わる

↓残業が減る

というような流れを伝えることが必須なんです。

そして、このときに合わせて考えなければいけないのが「各ステップの意義」です。「社員の顔が見えるようになる」と言われても、それがどういう意義なのかがわかりません。

そもそもこの表現はかなり曖昧です。社員の顔が見えるようになると言っても、もともとみんな覆面をかぶっていたわけではありません。オフィスのパーテーションが高すぎてみんながどこにいるかわからなかったわけでもありません。この場合はおそらく、それぞれの社員の個性（向き・不向き）を把握できるようになる、社員がいま不満に感じていることがわかるなどの意味かと思います。

そう考えると、だんだん見えてきますね。しかし、まだわかりません。仮に「社員がいま不満に感じていることがわかる」という意味だったとしても、それがどのように残業削減につながるのかがわかりません。残業を削減するために、社員が不満に感じていることを知る必要があるのか、それを知ったら残業が減るのかわかりません。

ステップを明示するとともに、各ステップがなぜ必要なのか、どのような役割を果たすのか、その意義を伝えなければいけません。そしてそのステップと意義を聞いて、「なるほど、もしそうだったら価値が提供されるだろうな」と相手が納得してくれて、初めてあなたの提案を受け入れてくれるわけです。

第5段階 相手に取ってもらいたい行動を言語化する

自分が提供しているものの価値が発揮され、十分に価値を感じてもらうためには、相手に適切な使い方をしてもらわなければいけません。薬もそうですが、用量や用法を間違えると適切な効果が出ませんよね。多すぎれば害になりますし、少なすぎれば効果を感じられません。顧客に意図した行動をしてもらわないといけないんです。

でも、ここを伝えきっていないケースはよくあります。ぼくは30代後半あたりから、痛風が発症しています。自分としてはおとなしく生活しているつもりなんですが、なかなか尿酸値が下がらず、いつもお医者さんに薬をもらいに行っています。そこで毎回のようにお医者さんに言われるのが「規則正しい生活をしてください」「健康的な食生活にしましょう」ということです。

もちろん意図はわかるし、方向性は理解しています。ですが、規則正しい生活をしてくださいと言われても、どう行動したらいいのかわかりません。健康的な食生活に変えるためには何をしたらいいのかもわかりません。結局、何をどうしていいかわからないんです。

そのため、「毎日夜11時までには寝る」「毎日水を1・5リットル以上飲む」「お酒を飲む日は週に2日まで」などと決め、自分なりに規則正しい生活・健康的な食生活を実践しています。

ただしそれでも尿酸値は下がりません。いろんな要因があるかもしれませんが、確実に言えるのは、お医者さんがしてくれるアドバイスをぼくは実行しきれていない、ということです。

「規則正しい生活」が寝る時間のことでなく、仮に食事をとる時間を毎日固定させるということだとしたら、ぼくは何も医師の指示に従っていないことになります。もちろん詳細を確認しないぼくもいけないのですが、せっかく正しいアドバイスと指示をし、本来であれば改善させられていたはずの症状が治らなかったら、医療行為の価値が低下してしまいますね。

大半のアドバイスは、何も示していない

相手に取ってもらいたい行動を伝えるのは当然のことと思われるかもしれません。しかしながら、多くの「指示」が相手に取ってもらいたい行動を示していません。行動ではなく、ゴールやスローガンを提示しています。

先日も電車の中で上司が若いメンバーに仕事のアドバイスをしていました。部下のことを思って、親身に接していることは伝わってきましたが、伝えている指示がかなり曖昧でした。

「顧客の意図を汲んで、先回りして行動したほうがいいよ」

「そのために、今度顧客の課題をヒアリングして、ニーズをキャッチしな」

残念ながら、この上司の方は部下に何もアドバイスをしていません。上司が伝えたのは「あなたはいずれこれができるようになってください」という「あるべき姿」を示しているだけです。つまりゴールを示しているだけで、どうすればそれができるようになるかを伝えていないんです。

このように普段の仕事現場でされているほとんどの指示・アドバイスは、単にあるべき姿を提示しているだけで終わっています。

あるべき姿を示されると、なんとなく指示を受けたような気になってしまいます。しかし、実際にはどうやってそこまで辿り着けばいいのかがわかりません。地図も持たずにゴールだけ告げられて放置されているのと同じ状況です。

同じようなやり取りが、いたるところで発生しています。多くのセミナーやコンサルティングの場で受講生に「やり方」を教えています。ですが、ほとんどが「やり方」ではなく「あるべき姿」を教えています。たとえば、恋愛講座だったら、「魅力的な人になりましょう」

「相手に気を使いましょう」

「自信を持ちましょう」

と語られます。

でも、それは恋愛に成功するためのやり方ではなく、恋愛に成功する人が備えている「あるべき姿」を語っているだけです。

どうすれば魅力的な人になれるのか？　どうすれば相手に気を使えるようになるのか？　どうすれば自信を持てるようになるのか？

それを語らなければ教えたことになりません。

MORSの法則は難易度が高すぎる

この「伝えたつもりで、何も伝えていない」という現象は行動科学でも指摘されています。行動科学では、曖昧な言葉をやめ、具体的な言葉で指示を出さなければいけないと語られています。そして具体的にするためには指示を「行動」で伝えることが有効としています。概念やイメージではなく、その人が取る「行動」で伝えれば、誤解なく伝わるということですね。

そして曖昧さを取り除くために、次の要素を盛り込んだ表現をすればいいと定義されています。

- 「Measurable」（計測できる）
- 「Observable」（観察できる）

●「Reliable」（信頼できる）
●「Specific」（明確になっている）

この4つの要素の頭文字を取って「MORSの法則」と呼ばれます。このMORSの法則に当てはまるものは、具体的な行動であるという定義です。これだけだと意味がまったくわからないので、少し意味を補足します。

●「Measurable」（計測できるかどうか）：その行為は、数えられる／数値化できているか
●「Observable」（観察できるかどうか）：その行為は、誰が見ても、どんな行動をしているかわかるか
●「Reliable」（信頼できるかどうか）：その行為は、誰が見ても、同じ行動だと思えるか
●「Specific」（明確になっているかどうか）：誰が見ても、何をどうするか明確になっているか

それぞれこのような意味になります。

なんとなく意味はわかる気がします。そしてＭＯＲＳの法則に完璧に従って指示出しをすれば、非常に具体的な表現になることも理解しています。

しかしですね、難易度が高すぎるんです。この法則を知ったからと言って、これまでの曖昧な指示を具体的な行動指示に変えられるかというと、かなり疑問です。よほど認識能力が高い人でない限り、この法則を意識しながら相手に指示を出すことはできないでしょう。

そのため、作戦を変えます。ＭＯＲＳの法則を意識するのではなく、別の言い方にしましょう。相手に指示を出すときに、伝える表現は「練習メニュー」と捉えたほうがわかりやすいです。

「顧客の意図を汲んで、先回りして行動したほうがいいよ」ではなく、「顧客の意図を汲んで、先回りして行動できるようになるために、練習として毎日これをしよう」というとしたら、どんな項目が入るでしょうか？

練習メニューなので相手が日々できることでなければいけません。しかも練習なので、それを繰り返していけばやがて「あるべき姿」に近づいていきます。その結果、やがて部下は、顧客の意図を汲んで先回りして行動するようになるのです。

もちろん、練習メニューの表現にしたからと言ってすぐに100％適切な行動になるわけではありません。ですが、練習メニューは「練習」の表現になっているので、正しく練習しているか、間違っているかは周りがチェックできます。

ぼくは長年ビジネスシーンでの言語化のコンサルをしてきました。そこでは、指示を聞いても実際に何をしていいかわからないという悩みが非常に多いです。指示が曖昧、指示が「あるべき姿の提示」になってしまっていて、聞いているほうは何をしていいかわからないという状態になっています。

伝えたつもりになっても、自分が意図した行動を相手がしていなかったら意味がありません。練習メニューを提示するという視点で、相手にしてもらいたいことを表現してみてください。あなたの意図が驚くほど言語化でき、相手の行動が驚くほど変わっていきます。

第4章

すごい言語化で「意味がある言葉」を作る

言葉にしても言語化できているとは限らない

言葉で表現したからと言って言語化できたわけではありません。自分が伝えたいポイントが相手に伝わらなければいけません。さらにその前に、自分が何を伝えたいかが明確になっていて、意味のある言葉になっていなければいけません。

社内で飛び交っている会話、上司からの指示を思い出すと、多くの会話で伝えている言葉が不明確だということに気づきます。日本語では曖昧に表現することや、相手が言いたいことを察することが日常的なので、なんとなく伝えて、それをなんとなく察して、お互いに意思の疎通をなんとなくしています。

その結果、明確に伝えなければいけないビジネスシーンでも表現が漠然としたままだったり、実際には何も意味を持たない（何も表さない）言葉を使ってしまったりします。

たとえば、

- 魅力を伝える
- 気持ちを整える
- 自分軸で生きる
- チームをまとめる
- 業務効率を上げる
- PDCAを回す

などは、具体的に何を指しているかわからない言葉です。これらはすべて「動詞」で、普段何気なく使っている言葉も入っているかもしれません。しかし厳密に考えると、何をすることを指しているのかまったくわかりません。

意味がわからない言葉になってしまう理由は3つです。

1. 言葉の定義をしていないから

2. 示す範囲が広すぎるから
3. 比喩を使っているから

――**言葉の定義をしていないと、日本語なのにまったく意味がわからなくなります。**

- 魅力を伝える
- 業務効率を上げる

魅力とは何でしょう？ そもそも何が「魅力」になるのでしょう？ 業務効率は何で測るのでしょうか？ 資料をすばやく作れば業務効率が上がったようにも思いますが、その資料がそもそも無意味なものだったら、すばやく作ったところで「無駄な仕事をスピーディにやっただけ」です。

――**示している範囲が広すぎると、意味がわからなくなります。**

- チームをまとめる

■ＰＤＣＡを回す

チームをまとめなければいけないのはわかりますが、どんなときに、どんな風にまとめればいいかがわかりません。チーム一丸となってとも言われますが、ランチの場で一丸にならなければいけないわけではありません。打ち合わせ時に「一丸」となるのも狙いからは外れているように思います。

ＰＤＣＡは「Plan（計画）→Do（実行）→Check（検証）→Action（対策）」の頭文字ですが、これも何のポイントについてＰＤＣＡを考えればいいのかわかりません。営業の仕方をＰＤＣＡを回して検証するといっても、営業行為のどの部分をＰＤＣＡすればいいのかわかりません。営業担当者の服装でしょうか？　話し方でしょうか？　資料の色使いでしょうか？　自分の仕事のやり方についてＰＤＣＡを回そうと考えても、何をしていいかわかりません。メールの出し方を検証すればいいのか？　計画の立て方か？　上司への報連相か。

もしかしたらそれら全部かもしれません。もしくは、まったく別のものかもしれません。要は「ＰＤＣＡを回そう」というフレーズだけでは、検討要素が全般にわたってしまい、実際には何をしていいかわからないのです。

——比喩を使うと、意味がわからなくなります。

- 気持ちを整える
- 自分軸で生きる

本棚を整えたり、部屋を片付けたりすることはできます。でも気持ちを実際に「整える」ことはできません。気持ちは触れないし、整えられないからです。気持ちを整えるとは、自分の中にある複雑な感情を散らかった部屋などに例えて、それを整理しようと表現しています。つまり、比喩なんです。ですが、実際には散らかっているモノのようには、気持ちは分類したり整理したりはできません。「整える」は例えであって、実際にやっていることは、「諦める」や「優先順位をつける」や「怒りが鎮まるまで、何も言わず待つ」ということになります。

また「自分軸」も比喩です。他人の意見や評価に惑わされず、自分が大事にしていることを貫くという意味合いでよく使われます。ただ、頭からつま先まで、お団子のように「軸」が刺さっている人はいませんね。体の軸が整っている人はブレないという印象から「自分軸」という言葉になっているのかもしれませんが、その体の軸という言葉ですら比喩です。

例えなので、自分軸を身につけようと伝えても、相手は何をしていいかわかりません。我が道を通すという意味合いに解釈した人は、自分の意見を主張していくでしょう。仮に売れなくても自分が好きな商品のみを売り続けるのも自分軸を通しているこ とかもしれません。どちらも悪くはないです。しかし、この「自分軸で生きよう」と表現している人は別の内容を意図しているかもしれず、もしそうだとしたら意図はまったく伝わっていないということになります。

比喩を使うことがいけないのではありません。比喩を使っても、そのあとに意味をしっかり言語化できていれば問題ありません。いけないのは、比喩を使って伝えた気になってしまうことです。

定義をすれば、言葉が特定される

言葉の定義をしなければ、何を語っているのか曖昧になります。定義は一般的に「〇〇とは××のことである」という表現でされます。ただ、それだとかなり難しいです。いい表現を思いつかないとそもそも定義自体ができません。そこで、「定義の仕方」自体の定義を変えてみましょう。

定義するとは、必要条件をあげること、と捉えなおしてみます。たとえば、「安心安全の場を用意しよう」といわれます。ただ、安心安全とは何か? が定義されていません。なのでこの言葉を定義します。

このときに「安心安全とは〇〇のことである」と一言で言い換えようとすると非常に難易度が高くなるので、「どんな要素があれば、安心安全になったと言えるか」の条件を出します。小難しく言うと「それが満たされるための必要条件をあげる」ということです。

あなたが頭の中で抱いている「安心安全」の状態になるためには、どんな要素が入っていなければいけないでしょう？

ぼくはたとえばこんな要素をイメージしています。

1. 周囲の人が、あなたの考えを否定せず、ただ聞いてくれる
2. あなただけでなく、周囲の人も自分の考えを発言している
3. 自分の考えを変えるかどうかは、その場で決断を迫られない

これがぼくがイメージする「安心安全の場」で、この3つが安心安全のぼくの定義です。もちろん人によってこの定義は変わりますし、変わって問題ありません。大事なのは、どんな要素を満たしていれば「それ」と見なすかをリストアップすることです。

そして自分が考えている要素（条件）を相手に伝えれば、相手もその基準で捉えるこ

とができますね。

ビジネスシーンでも同じです。

「ロイヤルカスタマーの心理を分析しなさい」と指示を受けたとします。自社にとって大事なお得意様がどんなことを感じているか、どんなニーズがあるか、どんな商品なら買いたいと思うか、それを分析しなさいという意味かなと思います。

ここでも、ロイヤルカスタマーとは？　の定義が必要です。上司が思うロイヤルカスタマーと、あなたがイメージしたそれが合致しているとは限りません。たくさん買ってくれた人、という捉え方は危ないです。どの程度がたくさんなのか、「たくさん」とは回数のことか、金額のことか、これまでの年数のことか、人によってイメージが違うからです。

そこで「ロイヤルカスタマー」と認定するための条件をリストアップして、確認を取る必要があります。

ロイヤルカスタマーとして認定するための条件（必要要素）を、

- 毎月1回以上、買ってくれる
- 毎月1万円以上買ってくれる
- その状態が1年以上続いている

としましょう。この定義を上司に伝え、上司も同じ定義をしているかまず確認を取ります。もしかしたら、上司は「過去に一度でも10万円以上の商品を買ってくれた人」と捉えているかもしれません。

定義と具体例は違う

物事の定義をしなければいけないときに、具体例を挙げてしまうことがあります。
たとえば、「南国リゾートとは、どういうものを指している？」と聞かれたとします。
このときは、自分にとっての南国リゾートの定義を伝えなければいけません。ですがここで、「南国リゾートは、ハワイとかグアムとか沖縄とかです」と具体例を出して終わってしまうことがあります。

これは定義になっていません。相手は出された具体例の共通点を探ってなんとなくイメージするしかできません。

定義とは、それが満たされるための必要要素（必要条件）をあげることです。どんな要素があれば、そこが自分にとっての南国リゾートになるかを伝えなければいけませんね。

ぼくにとっての南国リゾートとは、

1. きれいな海があること
2. （夜はともかく）昼間はプールか海に入れること
3. 晴天率が80％以上であること

です。きれいな海がなければ、南国リゾートと言いづらいのはイメージいただけるかと思います。また、海がきれいでもめちゃくちゃ冷たくて入れないエリアがあります。そこはぼくにとっては南国リゾートではありません。さらには、雨が降ってしまってはリゾート感がなくなってしまうので晴天率は重要な要素です。

ぼくはこの3つの要素が備わっていれば、海外でも国内でも「南国リゾート」になり、次の南国リゾートの旅行先の選択肢に入ります。

一方で、ぼくはそれほど買い物をしないので、ブランドショップはなくても構いません（人によっては、買い物ができないと南国リゾートに来た気がしないと感じるかもしれません）。ぼくにとってのリゾートは、買い物好きの人には「やることがあまりない単なる海辺」に見えそうです。南国リゾートへの旅行に誘ったとしても、人によって定義が違うので、ずれが生じてしまう。これでは言語化して伝えたことにはなりません。

具体例を出すと、それだけで伝えた気になってしまいますが、実際にはどの要素を重視しているかが伝わっていません。

ぼくらは会話の中であまり「その言葉の定義は？」と質問しません。そのため、あまり厳密な定義を考えたことがありません。「定義は?」と問いかけると相手も困惑したり、もしかしたら怒ったりするかもしれません。そうなりそうなときは、「定義は?」ではなく「どんな条件の人(どんな場合)を考えればいいでしょうか?」や「欠かせない条件はありますか?」と聞くと、スムーズに答えてくれます。

◆「幸せになりたい」と言っている人は、幸せになれない

わりと多くの人が幸せになりたいと口にしています。しかし、そもそも「幸せとは何か?」を自分で理解していなければ、なれるはずもありません。幸せとはどういう状態なのかが自分でわかっていないので、何をしていいかわからないんです。

どんな項目があれば「幸せ」になるのでしょうか? お金があれば? 最愛のパートナーがいれば? ハワイに住めれば? 自分が好きな仕事ができていれば? よくわかりませんね。

幸せを考えるときに、どんな項目に目を向ければいいのかが見えていなければ、幸

せになる努力もできません。

そのため、幸せを定義しなければいけません。どんな条件（要素）が揃えば、幸せになったと言えるのでしょうか？

お金があって、毎日おいしいものを食べられる

と条件をあげたとしましょう。幸せをそのように定義したわけですね。もちろん、この定義は各個人のものなので、正しい or 間違っているということではありません。ただその条件が意図通りにあげられているかは確認しなければいけません。

「お金があれば」のお金があるという状態は、どんな経済状態を指しているでしょうか？「お金がある」を言葉通りに受け取ると、1円でも持っていればいいことになります。1円も立派なお金ですからね。もちろん、1円持つことを意味しているのではないことはわかります。では、いくらなのでしょうか？

たとえば「年収1000万円」「不労所得で毎月50万円」など、自分が幸せを感じるための「お金」を表現する必要があります。

揚げ足を取っているのではありません。「お金がある」という条件は、実際には何も指していないことに気づかないといけないんです。何が正解・不正解ということではなく、大事なのは「なんとなくの表現」で終わらせないことです。

実際にみなさんがドラゴンボールを7つ集めてシェンロンにお願いできるとしても、「お金をください！」ではシェンロンはいくら出していいのかわかりませんね。

欲しいものが手に入らないときは、定義を見直す

欲しいものが手に入らないときは、言葉の定義から見直すのがいいと思っています。というより、成果が出ないのは、能力や知識が足りないのではなく、目指すゴールの定義が曖昧、もしくは間違っているからだとぼくは考えています。

たとえば、多くの人が「将来安心していられるための資産が欲しい」と思っています。そして、コツコツお金を貯めています。でも多くの人が、老後が安心か問われると「不安だ」と答えます。思考は現実化する、目標を明確にすれば手に入る、という前提にたてば、これだけ長い間「安心できるための資産が欲しい」と考えていたら手に入りそうな気がします。しかし、ほとんどの方がいまだに「安心して生活できるだけの資産」を手に入れられていません。

なぜか?

それは定義が間違っているからです。本来意図しているものと違う定義をしてしまっているから、願っている状況が手に入らないのです。

多くの人が「お金=資産」と思っています。たしかに会計上、現金は「資産」の項目に分類されます。ですがぼくらが「資産が欲しい」という場合は、会計上の分類の話をしているわけではないですよね。会計上資産に計上されているものであればなんでもいいわけではないです。

お金が資産だと思って、お金を貯めようとしているんです。そして、そう考えてしまっているから、将来安心できるだけの資産を手に入れられないとぼくは感じています。

ちなみに、ぼくの中での定義では、お金は資産ではありません。会計上は「資産」に計上されています。でもそれでもお金は「資産」ではないと捉えています。

ここで言いたいのは「お金がすべてじゃない」ということではありません。ぼくが言いたいのは、「お金は大事。それは間違いない。でも、お金は資産ではない」ということです。

「資産」の定義を考える

そもそも資産の定義は何でしょうか？　いろんな定義があるかもしれませんが、ぼくの定義は「お金を生み出すもの」です。有形であれ無形であれ、お金を生み出してくれるものはぼくにとっては資産です。

お金自体が資産なのではなくて「日々お金を生み出すもの」が資産です。その定義でいえば、お金は資産ではなく、お金をいくら持っていても将来安心できる資産は増えていきません。

日本人は「いざというときのために」とお金を貯めようとします。ただ、ある程度貯まった後も不安は消えません。なぜなら「お金＝資産」と捉えてしまっているからです。お金が資産であれば、お金を使うことは自分の資産を減らすことになりますね。せっかく資産を貯めたのに、それを使ってしまったらまた減ってしまう。この状況が許容できないのです。

しかしまた、何かあったらお金を使わなきゃいけなくなります。そう考えてしまうと、「いつか減ってしまう、なくなってしまう」という不安は消えないことになります。だから将来安心できるだけの資産が欲しいと常に願いながらも、ずっと安心できないのです。

ぼくはお金自体ではなく、お金を生み出すものを資産と捉えていて、ずっと「資産」を構築することに集中してきました。投資用の不動産もたくさん持っていますし、お金を生み出すビジネスも持っています。仮にキャッシュが手元になくても、明日お金を生み出すものをたくさん持っていたら構いません。だからぼくは将来安心できるだけの資産を築くことができたんです。

お金（キャッシュ）を投資して運用できる人にとっては、キャッシュは資産です。でもタンス預金をしているだけだったら、いくら貯めてもそれは資産ではありません。タンスに入れておいても、お金は増えませんからね。

将来安心できる資産がなかったとしたら、定義のズレを確認しましょう。定義がズレているから、目的が達成されないという可能性が十分にあります。

「社内の言葉」を定義する

ぼくらが仕事で日常的に使っている言葉は定義がされていないことがよくあります。たとえば、「組織の活性化のためには、社員同士の円滑なコミュニケーションが必須だ」と言われたりします。一見して特に違和感がないフレーズかなとも思いますし、このフレーズに賛同される方は多いでしょう。

ですが、よくよく考えてみると、このフレーズは何を言いたいのかよくわかりません。つまり内容が言語化されていません。

「組織の活性化のためには」とありますが、組織の活性化とはどういう状態でしょうか？「組織の活性化とは何か？」が定義されていないんです。もしあなたの組織内でこのような曖昧な言葉が使われていたとしたら、これから何をすべきか、どこに注力したらいいかをメンバーが共通認識として持つことはかなり難しいでしょう。

組織が活性化するというのは、お互いの意見を言い合えることなのか、新しいアイディアが出てくることなのか、単に売上が上がることなのか、わかりませんね。どれも正解な気がしますが、相手がどれを指しているかがわかりません。そして、自分がイメージしているゴールと相手がイメージしたゴールがズレてしまう可能性は十分あり得ます。

また、円滑なコミュニケーションとは何でしょうか？　どうすると「円滑にコミュニケーションをした」ということになるのでしょうか？　そしてそもそも何をすることが「コミュニケーション」なのでしょうか？

コミュニケーション力を身につけることが必要、といわれます。ぼくも企業研修でコミュニケーションを題材に取り上げることもありますし、「コミュニケーション力」は重要だと感じています。しかし、その重要な「コミュニケーション力」が何なのか、厳密に説明できている人は多くないです。

これも揚げ足を取っているのではありません。実際に内容がわからないんです。社内のコミュニケーションが不足しているから、もっとコミュニケーションを取ろう！と言われたとします。あなたは明日から何をしますか？　お互いにあいさつすることが大事なのか、報連相をこれまでの倍の頻度でやればいいのか、Ｚｏｏｍの会議の前後に雑談をして相手の昨日の食事を聞けばいいのか。

繰り返しですが、定義がされていなければ何をしていいかわかりません。そして何をしていいかわからなければ行動できずに結果が変わりません。「もっとコミュニケーションをしよう」という日本語にはなっています。しかし言語化はされていないんです。

コミュニケーションとは何か？　何をしたらコミュニケーションしたことになるのか？　その必要条件をあげることが第一歩です。「毎朝、メンバー全員とあいさつをする」かもしれないし、「お互いが我慢していることを伝え合う」、「これくらいは言わなくてもわかるという内容も伝える」かもしれません。

そしてその定義ができたら、それに向けての練習メニューを考えます。もともと、普段やっていないこと（できていないこと）は、何かしらの障害があるからやっていないんです。そのため、「やろう」と決めるだけでは実行に移せません。練習が必要なんです。

「お互いが我慢していることを言い合ってください」と言われてもすんなりはできませんね。そもそも言いづらいから我慢しているので、ルール化されたところですんなり言えるようになるわけではありません。我慢していることを言えるようになるための練習メニューを提示して、日々その練習を繰り返すとしたら、どんなことを提示するでしょうか？　その練習メニューを提示することで、意味が不明確な言葉に意味を与え、明確にできます。

定義をすれば、やるべきことが見えてくる

「経済を回す」という言葉があります。「経済を回す」ことは、国の大事な仕事のひとつです。でもこの「経済を回す」の定義が、なかなか曖昧です。そして何をしたらいいのか、何をすることが「経済を回すこと」なのかよくわからなくなっています。

よく言われるのが「経済を回す政策＝国民の所得を増やす政策」というイメージかなと感じています。個人レベルでいえば「経済を回す行為＝散財をすること（単にお金を使うこと）」でしょう。

辞書的な意味でいえば正しいです。ですが、ぼくはどちらにも違和感がありました。というより、それらを実行しても、自分や周りが望んでいる結果は得られないのでは？と感じていました。

でも何をしていいかわかりません。「経済を回す」といっても「経済」というモノが

あるわけではないので、回しようがないんです。目の前にコマがあればコマを回すことはできます。でも経済を回すことができません。

このように行動が取れない場合も、定義が問題になっているケースが多いです。定義が間違っているということです。

そこで、自分なりに「経済を回す」の定義を作ってみました。

つまりどんな要素があれば経済を回したことになるのか、その条件を考えてみました。ぼくにとっては意外とシンプルで「他人（国民）のテンションを上げること」でした。

国の政策でいえば、国民のテンションを上げる政策が経済を回す政策になり、個人の行動でいえば、自分の周りにいる人が楽しくなったり、もっとこういうことをやってみようと思うようになったり、それを応援してあげたり。それが経済を回すことです。

こう定義をしてみると、「経済を回す意味」も変わってきますね。みんながお金を手にすることが目的ではなく、みんなの気分を変えること、「いろいろあるけど、今日も楽しい」と思えるようになることが「経済を回す」ということになります。要はお金の話とは限らないわけです。

そして他人のテンションを上げればいいと定義した場合、普段カフェやコンビニで会う店員さんと会話することも経済を回すことになるかもしれません。誰かの活動を応援してその人がやりたいことをサポートしてあげることも経済を回すことになりそうです。寄付やクラウドファンディングも経済を回していることになりますね。

「ターゲット」という言葉がぼくらを迷子にさせる

ビジネスはよく恋愛に例えられます。恋人に想いを伝えるように顧客にメッセージを伝えよう、顧客へのＤＭはラブレターである、など恋愛と重ねて考えるとうまくいくと語られることもありますね。ぼくもそれは一理あると思っています。

ですが一方で、多くの企業が恋愛では絶対にしないようなことをビジネスでやっています。たとえば、顧客対象のことを「ターゲット」と呼びますよね。そして、ターゲットになんとか売り込もうとしています。

考えてみたら、ターゲットとは「的」のことです。あなたが一方的に狙いを定め、一方的に射貫こうとしています。つまり、相手の気持ちや考えはまったく無視して「あなたが私のターゲットだから」と勝手に、一方的に自分の商品を売りつけようとしています。こんな考え方で恋愛をしようとしたら、うまくいかないどころか、迷惑行為で警察を呼ばれかねないです。

これは単なる注意喚起ではありません。実際に対象顧客のことを「ターゲット」と呼ぶことで、弊害が起きています。顧客は「的」であり、自分たちが狙いたい先です。となると、誰もその「的」の気持ちは考えなくなりますね。その「的」が何を必要としているか、どんなことに困っているか、どんな商品を欲しいと思っているか、などは自然に頭から抜け落ちてしまうようになります。

「自分たちの商品はこのくらいの価格帯だから、そのお金を払える人を狙おう。自分たちのウリはこういうものだから、それを存分に伝えよう。相手が理解するまで粘り強く売り込もう」

と考えるようになってしまうのです。

ビジネスで対象顧客を設定する本来の目的は、自分たちがブレないようにするためです。商品を作っていると、メインのお客さんだけでなく、もしかしたらこんな人たちにも買ってもらえるかも、こういう人たちにも売れるかも、と欲が出て皮算用を始めがちです。

そして、「だったら商品にこんな要素を入れないと、デザインは万人受けするためにこうしよう」など、いろんなことを考え始めるようになります。

こうなると誰向けの商品かわからなくなってしまい、失敗します。だから自分たちの軸がブレないように「常に見ている相手」を設定する。そういう意味でのターゲット（最終目標）であるべきなんです。

しかし今では多くのケースで、自社の商品を売り込みたい相手を勝手にターゲットと呼び、自分でも気づかないうちにストーカー的な売り込みをしてしまっています。

以前、こんな経験をしました。

ある調理器具を買いに家電量販店に行きました。いろんな機種が並んでいて、それぞれ独自の売りポイントを持っていました。その中で、他商品と比べてかなり高いものがありました。他と比べて、1・5倍くらいの値段です。なぜそんなに高いのか気になり、ちょうどメーカーの担当者さんがいたので理由を聞いてみました。

その担当者さんの答えは「これは特殊な素材を使っているんです。だから高いんです」でした。高い素材を使っていたら、商品も高くなりそうなのはわかります。ですが、それだけの価値がないと買いません。

「価格が高いので、弊社としては年配の富裕層をターゲットにしています。都内のタワーマンションにご夫婦お2人で住んでいてお金にも余裕がありそうな方がターゲットです」

「この素材を使っていることで、食パンも一度に6枚おいしく焼けるんです。分厚いステーキも柔らかくおいしく焼けます。こんな商品は今までありませんでしたよ」

といろいろ得意げに語っていたのですが、そもそも話がおかしいです。

お金持ちを「ターゲット」にしたいのはわかりますが、その年配のご夫婦が食パンを6枚一度に食べるでしょうか？　分厚いステーキを頻繁に食べるのでしょうか？

ぼくにはまったく想定ができません。

こうなってしまった原因は、相手を「ターゲット（的）」と呼ぶことにあるとぼくは感じています。自分たちが作った商品を誰に売り込むかという発想になってしまうからです。

まず、自社が作りたい（作れる）商品を考えます。自社の技術を使って他社と違う商品を企画します。ただ、それを作るとコストが上がってしまい販売価格が高くなってしまう。高くなっちゃうからそれを買える人をターゲットにしよう。

そんな発想になっています。たしかにお金に余裕がある老夫婦であれば、その商品を買えるかもしれません。しかし、「買える」のと「欲しい」のは違います。

相手をターゲットと呼ぶ癖がついているため、相手が何を欲しいかは考えず、常に自分が売りたいものが先に来てしまう。しかし現実にはその「的」は買ってくれません。常に狙われていますが、買いません。だから商品が売れなくなるんです。

あなたが対象にしている顧客を「的」と呼ぶのはやめましょう。その代わりに違う言葉で表現しましょう。あなたが対象にしているのは「○○に困っている人・○○に悩んでいる人」です。言葉を変えるだけで、それまで100％自分都合だった目線が、相手を考慮するようになります。

漠然としたスローガンは、「いつ、どこで、誰が、何をする」を加えて文章にする

「DXを推進する」、「安心を提供する」、「すべてはお客様のために」。このようなフレーズをよく耳にしますね。よく耳にしていて慣れているので、なんとなくわかった気になってしまいます。

でも、冷静に考えると何が言いたいのかわかりません。なぜわからないかといえば、誰が何をするかがわからないからです。

DXを推進する→結局、誰が何をするのでしょうか?
安心を提供する→誰が誰に何をする?
すべてはお客様のために→お客様のために、何をする?

意味がわからないのは、主語と述語が抜けているからです。そのため、「いつ、どこで（何に関して）、誰が、何をする」という主語・述語を加えて文章にしましょう。

DXを推進する→今月中に、請求業務について、営業部が、全クライアントに電子請求書に切り替える連絡をする

安心を提供する→顧客が外出時に、当社の防犯システムが、顧客の自宅の異常を検知し警備員を派遣する

すべてはお客様のために→新商品企画時に、当社の経営者が、顧客に直接要望を聞きに伺う

もちろんこれらの表現だけではなく、別のことを指すこともあるでしょう。ですが、いろんなケースを指すからといって、具体的にしなければ何も伝わりません。具体的な主語・述語がなければ、何が言いたいのかわからなくなります。一例としてでも構わないので、主語述語を入れて文章にして捉えてみましょう。

ＴｏＤｏリスト（アクションプラン）を作っても、何をしていいかわからない

３章で、相手への指示やアドバイスは練習メニューにしなければいけないと書きました。

ほとんどの「アドバイス」が単にゴールを示しているだけで、ゴールまで行くプロセスを語っていません。だから、アドバイスを受けたとしても動けないんです。

これは自分自身に対しての指示でも同じです。たとえば、ＴｏＤｏリストを作って「いつまでにこれをやる」と自分に指示出しをしている人はたくさんいます。

売上を上げるためのアクションプランとして、「差別化を打ち出す」「価値をわかってもらう」

稼げるようになるアクションプランとして、「インスタでフォロワーを増やす」「自

分のスキルを売る」

恋人を作るためのアクションプランとして、「魅力的な人になる」「清潔感を出す」などと表現してしまいます。これでは作った本人すら何をしていいのかわかりません。

同じように、結局何をすればいいのか書いていている自分でも説明できないようなToDoリストもあります。

ユーザーの反応を見る
お客さんの行動を観察する
マーケットリサーチをする
先輩に話を聞く
見込み客に声を掛ける

これらも行動につながらない表現です。ユーザーの反応を見るといっても、結局何を見ればいいのかわかりません。そしてユーザーが「反応」っぽいものをしたときに、反応を見られたと自分の中で処理してしまいます。ユーザーの反応を見るとは、お笑い芸人さんにとっての「リアクションを見る」ということではないですよね。そして、ユーザーの体の動きを目視することが目的でもないかもしれない。意味のある「反応」を捉えられていることもありますが、どうでもいいことを把握して「ユーザーの反応を見ました」と言っているかもしれない。

お客さんの行動を観察するという言葉も同じです。実際にそのお客さんを頭からつま先までジロジロ凝視するわけではありませんね。だとしたら、何を観察すればいいのでしょうか？　動き？　目線？　誰と来店したか？　購入金額？　一口に「観察」といっても、どの要素を見るかによって得られる情報はまるで違います。

何か目標があって、その目標に辿り着くためにすべきことが「ＴｏＤｏリスト」のはずです。やるべきことのリストのはずなんですよね。ですが多くの場合、そのリストは行動プランになっておらず、ひとまず目指すゴールのようなものが並べられています。ＴｏＤｏリストは「日々の練習メニュー」でなければいけません。日々、どんな練習をするのか、どんなことを毎日繰り返すのか、それを言葉にしなければいけないんです。

請求書を出す、○○さんに電話するなどの備忘録は練習ではなく、その行為を一度すれば終わりです。一方で、何かのゴールを達成するためにすべきことは、繰り返しやらなければいけないこと、どんどんうまくならなければいけないことが多いです。その場合は「練習メニュー」として捉えたほうがわかりやすいですね。

「当たり前のこと」しか言えないとしたら、それは論理的に考えているから

いろいろ感じていることはあるけど、言葉にするとどうしても「当たり前のこと」ばっかりになってしまう。そういう悩みもあります。もうちょっと人と違うことを言いたい、人と違った視点を持ちたい、そんな相談を受けることも多いです。

ただ、なぜ自分が当たり前のことしか言えないのか、考えたことがある人は少ないと思います。

あなたが「当たり前のこと」しか言えないとしたら、それはあなたが論理的に考えているからです。当たり前のこととは、みんなが考えていることですよね。考えてみれば、みんなが同じように「事実」をもとに「論理的」に考えたら、同じ結論に至るのは当然のことです。

働き方に悩んでいる人が多くいます。その人たちへのアドバイスを考えるとしましょう。事実をベースに論理的に考えると、

- 自分の労働状態（収入、労働時間など）を数字で表現する
- 自分が本当は何をしたいかを思い出す
- 自分が他の誰かに貢献できることをリスト化する
- その内容が合致する職業を探す（会社を探す）

という感じになりそうです。

おそらく、一般的に論理的に考えると、こういうことがアクションプランに出てくると思うんです。そして、おそらくこれらの項目は大きくは間違っていないと思うんです。

ですが、当たり前すぎます。当たり前すぎて、「そんなことはわかっている」と即座に切り捨てられそうです。

論理的に考えることは大事ですが、論理的に考えても目新しいことは言えません。ましてやあなたの独自の考え方は出てきません。これではコメントをする意味がない

ようにも思います。

ほぼ正しいことを言っているのに、意味がないコメントになってしまう。かといって、論理を無視して奇抜なことを言うのも、なお意味がないように感じます。ではどうすればいいのか？

第二次アドバイスを示せばいいんです。

第二次アドバイスを示すとは、「よく言われている正論を聞いてもできない人に対して行う『じゃあこうしよう』という追加アドバイス」のことです。

先ほどの例でいえば、「自分が本当は何をしたいかを思い出す」と言われた人が、全員すんなりできるとは限りません。「本当は何がしたいかと聞かれても、ビールを飲みたいとか、ハワイでのんびりしたいとかしか出てこない……」と、悩む人が出てきます。

働き方に悩む人が、自分がやりたいことを探すのは正しい方向性だと思います。ですが、働き方に悩みすぎて、もはやどんな仕事もしたくないと感じている人もいます。そんな状態で「どんな仕事をしたいか?」と問われても出てきません。

もしそう言われたら、この方に次はどんなことを考えてもらうでしょうか? たとえば、「では誰に喜んでもらうのがうれしいですか?」「たとえばどの分野で第一人者と呼ばれたいですか?」という問いかけをすれば、新しい視点を持ってもらえるかもしれません。

課題に対しての施策を出すとき、当たり前すぎる打ち手しか思いつかないことがよくあります。そのときは、その当たり前すぎる打ち手をやろうとしてもうまくいかない人に向けた「第二次アドバイス」を出していきましょう。

第5章

すごい言語化で「自分の感覚」を言語化する

「自分の感覚」を言語化する

自分のことは自分が一番よくわかっていると言いますね。でも本当にそうでしょうか？　たしかに、他人よりも自分のほうがわかっているかもしれませんが、自分が考えていることをすべて言語化できるかと言えば、そうではありません。

本書の冒頭でお伝えしたように、人は95％の感覚を認識していないと言われます。なんか感じるけど、それが何かわからないわけです。料理の隠し味と同じで、何か違うけどそれが何かわからない状態になってしまっているわけです。

自分の感情のはずなのに自分で言葉にできず「なんて言ったらいいだろうなぁ」で止まってしまいます。

さらに、何か意見や感想を求められたとき、何も思い浮かばないことがあります。感じたことを言えと言われても、何も感じていないこともあります。

そういうとき、ぼくらはどうすればいいでしょうか？

自分の感覚を全部自覚できるようになればいいかもしれません。ただ、感覚の中には特に重要ではなく自覚する必要がないものもあります。大事なのは、重要な感覚を自覚することですね。

そしてその重要な感覚とは、

1．ビジネス的な発言をするとき

2．ビジネス現場で求められる個人的な発言をするとき

の2つのシーンで分かれます。別々に説明していきますね。

「起承転結」では語らない

その前に、注意点を先にお伝えしておきます。結論から言うと、「起承転結」で考えようとしても何も出てこないので、この考え方は頭から外したほうがいいです。

人に何かを伝えるときのフォーマットとして「起承転結」があります。起承転結で話をすればまとまると考えられていることもありますが、それは大きな誤解です。そもそも、起承転結の「起」「承」「転」「結」でそれぞれ何を語ればいいのでしょうか？「結」は結論なので比較的わかりやすいです。「起」は、話を始めればいいと理解すればなんとなく問題なく済ませられます。

ただ「承」「転」はどうしたらいいでしょうか？　何が「承」で、「転」には何を話せばいいのでしょうか？　まったくわかりません。

そして、それがわからないから、なんとなくみんな物事を時系列に並べていますね。ただそれは事実の説明であって、あなたの意見ではありません。事実の報告を求められていればそれでもいいかもしれません。ですが、あなたの意見を求められている場で過去の出来事を説明しても意味はありません。

起承転結で話すのではなく、違う視点を持つことで、自分の感覚は言語化されていきます。

1．ビジネス的なコメントを求められたら、何に目を向ければいいか？

職場で「いい策を出せ」「自分の考えを持て」など、ビジネス的な発言を求められることがあります。もちろん場合によっては必要なことです。

ただ、どう考えたらいいのかわかりません。いい策とは？　自分の考えとは？　どんなものなのでしょう？　なんでもよければ今考えていることを伝えますが、それではまずそうです。どんな視点で自分の考えを言語化すればいいでしょうか？

ここでの言語化も「どう伝えるか」ではなく「何を伝えるか」です。そして、ビジネスシーンで自分の意見が求められるときも、顧客に対して伝えるときと同じで、考えるべき項目は限られています。その項目に焦点を当てて自分の頭の中を言葉にしていけばいい。

なぜ「それ」？：①それはどんな価値を持っているものなのか？

商品アイディアに意見を求められたとき、まず考えるべきはその商品に価値があるかどうかです。「どう思うか？」と自分に問いかけても何も出てきません。価値があるかどうかを考えます。

仕事は最終的には顧客に価値を提供するためのものです。なので、仕事でまず考えなければいけないのは、「自分は顧客に何を提供するか？」です。ただし、これまで説明してきたように、顧客に提供するものとは、その素材や物質ではなく、「価値」です。つまり、「誰に、どんな変化を与えるものなのか」「誰のテンションを上げるものなのか」「顧客がおもしろがってくれるほどのこだわりを持っている商品なのか」のどれかであるべきなのです。

そして、価値があるとしたら、「誰かに、何かの変化を与えるもの」「誰かのテンションを上げるもの」「顧客がおもしろがってくれるほどのこだわりを持っている商品」

の3つのどれかに当てはまっています。もし当てはまっていたら、「この商品にはこういう価値があると思います。それが欲しいと感じるのは、都市部に住んでいる会社勤めをしている男性だと感じました」とコメントできます。

逆にその3つに当てはまっていなければ、「この商品が持つ価値がわかりづらいです」「この商品は、誰にどんな変化を提供できそうかチーム内でブレストするのはいかがでしょうか？」と言えます。

どんな仕事も、他の誰かのためにやっています。それが顧客かもしれないし、社内のメンバーかもしれません。いずれにしても、その仕事は相手にとって価値がなければいけませんね。そして仕事が価値を持つのは、相手に変化を提供したとき、相手のテンションを上げたとき、相手がおもしろがるくらいまでのこだわりを見せることができたとき、のいずれかに分類できます。

商品アイディアや事業展開に関して意見を求められたら、まず自分の焦点を「どんな価値があるのか？」に向けるべきです。

▼なぜ「それ」？：②自社商品の存在意義

そして商品が持つ価値と同時に考えなければいけないのは、これから作る商品の意義です。つまり「自社がこれからそれを手掛ける理由」です。自社の商品に価値があったとしても、他の商品がありすでに事足りているケースもあります。

もしそうであれば、あなたの商品はいい商品サービス・いいアイディアとは言えません。それがあって喜ぶ人がいるから（もしくは、それがないと困る人がいるから）、自社商品が存在できるわけです。

ここで語るべきは、「なぜ既存の商品サービスではいけないのか？」です。Ｐ１３６で「差別化の打ち出し方」として語ったこととも大きく関連しますが、既存商品では事足りない場合、また顧客がやりたいことができない場合に、自分の商品に存在価値が出てきます。

「この商品どう思う？」

と聞かれたときには、類似ライバル商品が実現できていない顧客の願望に目を向けます。「既存の商品では、顧客がやりたい◯◯ができない。それをこの自社商品で埋められるので、出す意味があります」というような発言ができるといいわけですね。

逆にその要素が自分で見えてこない場合は、社内で問いかけてみましょう。

「どう思う？」「いや、えーっと、その……、いい感じだと思います」

という返答ではなく、

「どう思う？」「この商品があると、顧客が未達成だった◯◯という願望を実現させられるので、それを伝えればヒット商品になると思います」「この商品内容だと、追加で顧客の願望を叶えることが難しいと思います」

というような主旨の返しができるといいです（もちろん、言い方には配慮が必要です）。

▼伝わりやすいか（相手の中に類似の成功例があるか？）

ここで1点注意が必要です。いくら価値があって、類似商品との差別化がはかれるものであっても、それが顧客に伝わらなければいけません。つまり、業界外の「初心者さん」に伝わらなければ意味がないのです。

あなたはその道のプロです。何年も、場合によっては何十年もその業界でいろいろ考えています。そして、専門知識も身について、他の人が気づかないような区別もできるようになっています。

でも、それはあなたがその業界で仕事をしているからです。顧客は「初心者さん」です。その業界のことなんて知りませんし、細かいことには気づきもしません。プロから見ると「全然違うでしょ！」と思うようなものでも、「え、どこが違うんですか？同じに見えますけど」みたいな反応をします。

顧客を下に見ているわけではありません。提供者が強くこだわっている要素でも、顧客はそれほど興味を持っていないので、気づいてもらえないんです。

興味をそれほど持っていない顧客に価値を伝えるには、わかりやすさが必要です。顧客があなたの話を聞いて、「それなら効果ありそう！」とすぐに感じてもらえなければいけません。

以前、珍しい研修コンテンツを持っている人から話を聞いたことがあります。能力開発の一環として、駅前でダンスをさせ、自分のマインドブロックを外すという内容です。その研修の参加者の中に駅前でダンスを披露した経験がある人はほとんどいないし、またダンスなどできないようです。それなのに無理やりダンスさせるそうです。

当然、研修参加者は嫌がりますし、かなり反発します。仮にぼくがその参加者の立場だったら、かなり反発すると思います。駅前でダンスをすることが、自分の能力開発にどう関係するのかまったくわかりませんからね。

実際には何かあるのかもしれません。普段やったことがないこと、絶対にやりたくないと思うことをやることで何かが開けるのかもしれません。ですが、あまりにも納得感がなさすぎます。

もしかしたら、この方は人間心理や潜在意識のプロで、この方向がベストと考えてされているかもしれません。しかし、ぼくら素人はそう考えません。というか、「駅前でダンスをすれば、あなたの能力が開花します」と言われても信じられません。

よく、「怪しい」とか「宗教っぽい」と言われることがありますね。「この壺を買えば、病気が治ります」的な話です。あの壺の話が非常に怪しく聞こえるのは、壺を買ったところで病気が治るとは思えないからです。本当に治るのであれば、たとえ数百万円でも高くはないかもしれない。でも壺を買うことで病気が治るとは到底思えない。つまりわかりづらいんです。だから「怪しい」という印象になる。

ではなぜ「わかりづらい」のでしょうか？

それは同様の成功事例を知らないからです。人は何か新しい情報を見聞きしたとき、既知の情報と重ねて理解します。「あ、あれと一緒だな」「たしかに、あの業界ではこのようなことをやって成功してたな」と、既存の知識と結び付けることで理解できていくんです。人が納得できるのは、「すでに知っているものと同じ」と考えることができた場合です。

駅前でダンスをして甲子園や箱根駅伝で優勝したチームがあったり、世界一のセールス記録を打ち立てた人がみんな駅前でダンスをしていたとしたら、研修参加者も頑張って実行するかもしれません。しかし、そのような事例は聞いたことがありません。だから納得できないのです。

この駅前でダンスをする研修はかなり極端ですが、ぼくらのビジネスでも同じようなことが起こり得ます。ぼくらが知らなければいけないのは、まったく新しいものはなかなか理解されない（納得されない）ということです。

新しい概念や常識を覆すような考え方を提示すれば、コモディティ化は避けられるかもしれません。ですが、新しいものは理解してもらえて初めて価値を感じてもらえる、ということも忘れてはいけません。理解（納得）してもらうためには、顧客が「あの事例と似た感じだな。たしかにあんな感じのものはうまく機能しそうだな」とイメージを持てなければいけません。

異業種や海外の事例も含め、顧客がすでに知っていることを提示し、「ほら、あのケースではこのような流れで成果が出ましたよね」と伝えましょう。

なぜ「今」？：なぜ今やらなければいけないか？

たとえば、新商品のアイディアや販促施策を聞いて意見を求められたとき、「いい商品」「よさそうな施策」と思ったとしても、それで終わってはいけません。ビジネスではいい商品であればすんなり売れるわけではありません。それを加味せずに「いいと思う」という印象だけ伝えると、安易にコメントしている感じになってしまいます。

いい商品だったとしても、10年後に売れるのでは遅いです。今評価されなければいけない。考えるべきことは、「なぜその商品が、『今』売れるのか？」です。

たとえば、居酒屋チェーンが新たに安い定食屋業態で出店をしたとしましょう。安い定食はもちろん需要がありますし、特段否定する要素はありません。ですが、なぜ「今」なのでしょうか？ 日本はこれまでもデフレでした。安い商品じゃないと売れないのは今に始まったことではありません。また、かなり前から安い定食屋は存在しています。そこに新しく安い定食屋を出店して、どれだけお客さんに来てもらえるでしょうか？　単体で考えたらいい商品でも、すでに顧客が他の店舗で十分満足していたら、あなたの商品は評価されません。


同じように、「必要だけど、今じゃない」というものもあります。

たとえば、老後の備えです。老後に備えが必要だということはおそらく誰も否定はしません。手段はともかく老後、自分が働けなくなったときにある程度の蓄えや収入がないと大変です。なので、老後のためにいろいろ勉強をしておくことは大事です。しかし「今」やらなくてもいいです。大事だからと言って、その勉強を今日しなければいけない理由にはなりません。だから「またいつか」となってしまうのです。もし顧客が「またいつか」と感じていたら、その人が重要性を理解していたとしても、「老後に備えるセミナー」に来てもらうことはかなり難しくなります。

現代人にはやるべきこと、やったほうがいいことが目の前にたくさん転がっています。それらを順番にこなしていかなきゃいけないので、「価値がある・いい商品」というだけでは選んでもらえません。

社内でコメントを求められたときには、今評価されるのか？　なぜ今なのか？　の視点も加味しなければいけません。

そして、その「なぜ今なのか？」を考えるときには、社会情勢やルールが変わったかどうかを考えると判断がしやすくなります。

たとえば、コロナで社会が大きく変わりましたね。このような社会変化があると、優先順位が一気に上がったり、緊急性が高まったりします。

マスクはその最たる例です。コロナ前までは、「これまで以上にウィルスや花粉をブロックするマスクができました！」といっても「ふーん」としか思ってもらえなかったのが、コロナで状況が変わった後はものすごい需要になりましたね。社会情勢が変わって「今必要」になったのです。

法律が変わっても同じような変化が起きます。たとえば、チャイルドシートが法律で義務化されたら、それまでチャイルドシートなしで運転していた人たちが一気に購入することになりますし、これから子どもが生まれる家庭の自動車には例外なくチャイルドシートが必要になります。法律（ルール）が変わったので、需要が一気に増えたのです。

ぼくが大好きなハワイでも環境保護のための新しい法律が頻繁に成立します。今では日焼け止めは自然由来の成分でできたものしか販売できなくなっています。環境保全の視点から天然素材を好む人はもともといましたが、法律でルール化されると一気に大きな変化になり、「今その商品を扱う理由」が急激に大きくなります。

なぜ「自分たち」？：自分が介在することで価値が上がるのか？

そして次は、「なぜ自分が手掛けるべきなのか？」という視点です。これはよく言われるミッションやビジョンの話ではありません。あなたが手掛けることで、ライバルがやるよりも世の中に大きな価値を提供できるか、という話です。

自社もその技術があって、その商品を提供できるとしましょう。でも、だからといってビジネスとして筋がいいとは限りません。

かつて、電子書籍が流行り始めたとき、いろいろな企業が電子書籍の問屋になろうとしていました。電子書籍を売っているサイトはたくさんありましたが、それらのサイトにコンテンツを流すまとめ役がいなかった。そのまとめ役（いわば胴元）になれれば、電子書籍を配信するときには自分を通さなければいけないことになり、多くの手数料をもらえます。

当時、ある印刷会社がその胴元になろうとしているという話を聞きました。考えてみれば、印刷会社は多くの書籍を印刷しています。そして、出版社から印刷にかける元データを受け取っているので、それを電子書籍のフォーマットに変換しようと思えば、かなりスムーズにできます。電子書籍の胴元になるには絶好のポジションですね。そして、実際にやろうとしていたようで、ぼくが経営している出版社にも営業の方が来て、いろいろ説明をしてくれました。

しかし、結果としてどうなったかと言えば、その会社は電子書籍の胴元にはならず、撤退しています。

自分たちが「できる」のと、自分たちがやったらより価値を発揮できるというのは別の問題です。

現実には、自分たちができるかどうかよりも、「なんとなく儲かりそうだから」という考えでビジネスに参入しているケースもあります。もちろんそれがいけないわけではありません。しかし、ここで考えるべきことは、「それができる環境にあること」ではなく「自分たちがそれを実行する知識と能力が、他社よりもあること」です。自社が他社よりもうまく、速く、安くできれば、そのビジネスは成功しそうです。逆にそれがなければ、どんなに筋がいいビジネスでも自分ではできないでしょう。

2.ビジネスとは関係ないコメントにも、自分の視点を入れたい

売上を上げるための施策を考えたり、商品のアイディアを出したりすること以外でも、自分の意見を発信する場面があります。朝礼での1分間スピーチだったり、最近の出来事に関する意見を求められたり。

このときにも自分の視点を入れて発言したいものですが、何を伝えていいのかわかりません。

最近、ＡＩ頭脳を搭載したアプリが流行っています。ぼくも使ってみましたが、人間と会話しているようなやり取りができてびっくりしました。ここで、上司や同僚から「ＡＩ頭脳アプリ、使ってみた？　どう思う？」と聞かれたとしましょう。

「便利だと思いました」

「ＡＩの進化にびっくりしました」

ではかなり普通ですね。自分が何も興味ないならこれでも構いません。でも、何かしら自分でも感じたのなら、その感じたポイントも入れて表現したいです。

このとき、自分の感覚を認識するためには、「自分の気持ちが揺れた部分に目を向けること」「自分の不安と期待に目を向けること」の2点です。

自分の気持ちが揺れた部分に目を向ける

自分の気持ちが揺れた部分に目を向ければ、自分の視点を入れた発言ができます。

ぼくは長い間、テレビやラジオのコメンテーターとして活動していました。もう終わってしまいましたが、フジテレビの「とくダネ！」のレギュラーコメンテーターや、ラジオ番組でのレギュラーパーソナリティを務めていました。

ここでいろんなニュースに「コメント」を求められます。ニュースや出来事の説明があったうえで、「木暮さん、どう思いますか？」と聞かれるわけですが、ここでその出来事の説明を繰り返しても意味がありません。また「ひどい事件ですね」「いいと思います」みたいな一言を伝えても、それもコメンテーターとしては失格です。

コメンテーターはコメントをすることが仕事です。しかし、考えてみるとコメントするのがもともと得意だった人はいないと思うんです。コメントが得意なのではなく、自分の中から自分オリジナルの考えを引き出すのが得意なんです。

たとえば、最近観た映画について、友達に話してみましょう。「知る人ぞ知る映画」でも構いませんし、誰もが知っている話題の映画でも構いません。とにかく自分が観た映画について友達に話します。

どんな言葉が出てくるでしょうか？

おもしろかった
迫力があった
感動した
よかった

もっといろいろな場面を見たはずなのに、このような一言感想しか出てこないという方が多いのではないでしょうか？　自分が実際に見て、しかも「おもしろい」と思っているのに、なかなか言葉が出てきません。

なぜか？

それはまず、焦点を絞れない問いかけだからです。「どう思った？」では、何を答えていいのかわからず、自分の感情のどこに目を向ければいいのかもわかりません。だから答えようがないんです。

ぼくは小学校、中学校で課された読書感想文が大の苦手でした。何時間も、ときには何日も原稿用紙を前に座っているのに、全然書けません。本はちゃんと読みましたし、中身も覚えています。でも何を書いていいかわからなくて、一人で何日も白紙の原稿用紙とにらめっこしていました。

そして数日後、やっとの思いで原稿用紙1枚を書き上げるのですが、出来上がった感想文は、ほぼ「あらすじ」でした。

これでは、感想になりませんし、自分の言葉でもありません。

なぜそうなってしまうかといえば、一番の原因は「全体を表現しようとしているから」です。本の内容全体、映画の内容のすべてを語ろうとすると、ありきたりの「おもしろかった」という一言か、ストーリーを順になぞるかしかできなくなります。

自分の言葉を作るには、自分の感情が揺れたところだけを表現すればいい。むしろそこだけに絞ることで、自分らしいコメントになります。

意味のある「一部分」に焦点を当てる方法

コメンテーターとしてメディアに出るとき、ぼくに求められているのは「ぼく独自の視点」です。世間でよく言われることを語っても意味がないし、だからと言って専門的な小難しいことを語ってもおもしろくないです。

生放送の情報番組では、台本もなく、その場でとっさに答えなければいけません。

ここで自分の視点を盛り込んだ発言をするためにぼくが常に自分に問いかけていた視点があります。

それは「教えたいことを伝える」という視点です。

コメントを求められるとき、ぼくは常にその出来事に関してぼくが視聴者に教えたいと思ったことは何かを自問していました。

「どう思った？」と聞かれても、ほぼ何も言葉は出てきません。「どう思った？」ではなく、「この件に関して教えたいことは？」と自分に問い直します。

この「教えたいこと」は、自分の気持ちが揺れた部分に自動的に目を向かせる視点です。人に教えたいと思うポイントは、自分の中でテンションが上がっていたり、意外に感じたことだったりします。「どう思った？」では、それこそ「どう」表現していいかわかりません。繰り返しお伝えしているように、言語化とはどう表現するかの前に、何を表現するかです。「何」に焦点が当たらないと、言葉にならないんです。

教えたいことを自分に問いかければ、自分の気持ちが揺れた「何」に目が向きます。

そしてそれを伝えれば自然とあなたの視点が盛り込まれた発言になります。

「ＡＩアプリどう思った？」という質問を「ＡＩアプリに関して、誰かに教えたいことは？」に言い換えましょう。そうすれば、

「ＡＩアプリが、人間の経営コンサルタントみたいな回答をしてきて、本物の人間とやり取りしている感覚になった。かなり優秀な答えをすぐ出してくるので、もはや自分の頭脳が負けていると思った」

「『猫ってなんで変なんですか？』という質問例がアプリ側から提示されていて、笑ってしまった。暇つぶし目的でも使ってもらいたいみたい」

などのコメントが出てきます。

「教えたいこと」でなぜ自分の気持ちが揺れた部分に焦点が当たるのでしょうか？

それは「人に教えたいこと」は、誰かに共有したいこと、誰かに聞いてもらいたいこと、かつ、その人にも興味を示してもらえそうなことだからです。

自分の話を延々とすると嫌がられます。それは、その話に相手は興味を持たないからです。しかし一方で、その人が興味を持ちそうな話ばっかりしていても、「あなた」は伝わりません。あなたの価値観や考えていることは相手には伝わらない。

「教えたいこと」を考えれば、自分が相手に教えたい＆相手も興味を示してくれそうという、その2つが重なった部分に自然に目が行きます（幼稚園児に対して、この前行ったおいしい居酒屋のことを教えたいと思わないですよね。相手が興味を持たないことが確定しているからです）。

教えたいことは？　と自問すれば、自分の気持ちが揺れた部分を思い出せます。そして、自分の気持ちが揺れた部分は、一般的ではないあなただけの感覚です。これを相手に伝えることで、自分オリジナルの視点を交えて物事を言語化できるようになります。

▼「切り口を変える」ではなく、「教えたい人」を変える

いつも同じ目線で考えていたら、いつも同じ対象者しか思い浮かばないかもしれません。もし、学生やビジネスパーソンしか思い浮かばないとしたら、意図的に別の対象者を設定します。たとえば、

「じゃあ、主婦のみなさんに教えたいことは何だろう？」
「シニア層に教えたいことは？」
「ＯＬさんに『これ、すごくない？』と教えてあげたいことは？」

と考えてみます。

それまで自分が伝える対象ではないと思っていた人にも「教えたいこと」は意外に

あるものです。教えたいことがあれば、その層の人たちにも興味を持ってもらえそうなポイントがあるということです。

同じテーマを語るときも、このように対象者を変えて考えれば、自分の感覚の別の部分に焦点が当たります。対象者が変われば、自分が「教えたい」と思う内容が変わりますからね。

たとえば、いつも同じようなコメントになってしまう、たまには違うことを言いたい、と思ったら、「教えたい人」を変え、違う人を想定してみましょう。これだけでびっくりするぐらい多くの要素が自分から出てきます。

自分の感覚を「鋭い切り口で語ろう」「斬新なポイントをつこう」と考える人も多いです。でも、それではなかなかうまく引き出せません。必要なのは、「切り口」や「新しい目の付け所」ではなく、いろいろな人からの目線で物事を見ることです。

いろいろな対象者をイメージして、「この人に教えたいことは何だろう？」と考えてください。すると、自然とその相手の目線になります。

たとえば、子どもが面白がってくれそうなことを言えたとしたら、それは必然的に子どもの目線になっているということです。

主婦が「それ、なに!? すごい！」と言ってくれそうなことは何か？ を考え、言うことができれば、それは自然に主婦の立場から対象物を観ていることになります。

この視点を持っていれば、「どう思います？」「いいと思います」のような一言感想で終わらずに、自分が持っている感覚を言語化できます。

自分の不安と期待に目を向ける

自分の視点を入れてコメントをするために有効なもうひとつは、「自分の不安と期待に目を向ける」です。「どう思う？」では何を答えていいのかわかりませんが、不安と期待の視点を入れれば、自分が感じていることが出てきます。

「ＡＩアプリを使って、この先どうなっちゃうのか不安に感じたことない？」と問われれば、「そう聞かれたら、たしかに不安なところがあるかも」と出せます。

人間がいらなくなりそうだし、ぼくらの仕事がどんどん奪われる可能性もあるし、映画の世界みたいにＡＩ同士が会話をして人間が追いやられることもあったりするのかな……と考えたりします。

もしくは、「ＡＩアプリがもっと進化したら、どんなことをしてもらいたい？」と期待に目を向けてもいろいろ出てきそうです。ＡＩに家庭教師になってもらう、ＡＩに個人的な秘書になってもらって、やらなきゃいけないことを全部アドバイスしてもらう、など。


この状態でどんどん時間が過ぎたら、どんなことが起きそうか、自分が考えていることを言葉にすれば、自分の感覚が言語化できます。

「不安と期待」を言語化する

ここで、不安・期待の言葉自体を、言語化させましょう。

そもそも、不安や期待とは、個人が抱いている妄想です。

不安とは、「もしかしたらこのままだと、こうなっちゃうかもしれない」という妄想です。一方で、期待は「これがこうなったらいいなぁ」という妄想です。つまりはどちらも、あなたの漠然とした将来に対する感覚です。その感覚に目を向ければいい。

この「不安」「期待」がまだ漠然としていて言語化されていません。自分の老後に不安がある、という人は多いですが、実際にその「不安」が何なのかを本人は説明できません。自分でもよくわかっていない漠然とした感覚を「不安」と言っています。

なので、不安という言葉を言い換えて、「このままだと、こんなひどいことが起きちゃうかもと思っている」としましょう。

「自分の将来が不安」な人は、このままだと自分はどうなっちゃうと思っているのでしょう？　お金が無くなって住む家がなくなっちゃうかも？　足腰が弱くなって外に出られなくなるかも？　医療費がたくさんかかるかも？　友達がいなくなっちゃうかも？

人によって自分が抱いている妄想は違いますし、嫌だと思う状況も違います。「外出できなくなるのは本当に嫌だけど、これまでの友達付き合いがなくなったとしてもそれは特に気にしない」という人もいます。「お金が無くなっちゃうかもしれないけど、生活保護を受ければいいから別に問題ない。それより生まれ育った家を手放さなきゃいけないのは本当につらい」と感じている人もいます。

これが不安です。

何か世の中で起きたとき、もし自分の中で「このままだとこうなっちゃうかも」という不安があれば、それとつなげて語ってみましょう。そうするとたとえば、「ＡＩアプリがこのまま進化したら、人間の社員はいらなくなりそうだね。もしかしたら、自分も仕事がなくなっちゃうかも！　と少し危機感を覚えました」と自分の感覚を言語化できます。

同じように、期待と紐づけることもできます。期待は、「こんな感じになったらいいなぁ」というプラスの妄想です。ＡＩアプリに抱いた感覚と自分の期待をつなげると、たとえば「ＡＩが進化して、自動車が完全に自動運転になったら、キャンピングカーを家にして世界中を車で移動したいと思っています」「ＡＩの恋人がリアルに欲しくなるかも」という言葉が出てくるかもしれませんね。

重要なのは、不安・期待は個人の感覚（妄想）であるという点、そしてその個人の感覚と結び付ければ、自分の言葉にならない感覚が言語化できます。

おわりに

コミュニケーションに関してメラビアンの法則という有名な法則があります。コミュニケーションにおいて相手が受け取るメッセージは、言葉（言語情報）からが7%、話し方（聴覚情報）からが38%、表情などの見た目（視覚情報）からが55%である、という法則です。この法則を引き合いに出して、言葉は7%しか意味がない、残り93%は非言語で伝わっているから、非言語を鍛えなければいけない！　と言われることがあります。

ですが、これは3つの大きな誤解があります。

ひとつ目の誤解は、この法則の定義です（この誤解はよく指摘されています）。メラビアンの法則は、そもそも「言っていることと態度・表情で表していることが矛盾している場合」を前提にした法則です。笑いながら怒ったり、むすっとした表情でお礼を言ったり、言葉が伝えているメッセージと違うメッセージを表情や態度で表した場合、言葉は7%分しか響かないという意味に過ぎません。

「言葉が7%しか伝わらない、残りのメッセージはノンバーバルから伝わっている」という意味ではないんです。もし、ぼくらのコミュニケーションの93%がノンバーバル経由で伝わっているとしたら、メールでは意図した内容の7%しか伝わらないことになります。

2つ目の誤解は、そもそも「言語が大事、いや非言語が大事」の議論は、伝えたい内容を自分で明確に把握していることが前提になっていることです。たとえば、非言語コミュニケーションの達人がいるとしましょう。でもその方も、自分が伝えたいことを明確に自覚できていない場合は、伝えることができません。何を伝えるべきか自分でもわかっていなければ、非言語を駆使しても伝えようがありません。

そして3つ目の誤解は、感情伝達と情報伝達を混同してしまっている点にあります。メラビアンの法則は、自分の感情や印象がどう伝わるかの経路を説明しています。情報というより感情と印象の話なんですよね。自分の感情が誤解されるとしたら、メラビアンの法則を意識して自分の言動を振り返るのがいいかもしれません。しかし一方で、伝えたい情報が伝わっていないとしたら、それはあなたの非言語部分を見直したところで何も改善はされません。

ぼくらは表情や声のトーンから相手に何かしらのメッセージを発信しています。もちろんそれは否定しません。ですがそれは「意図していないメッセージが伝わっている」だけであって、「意図したメッセージを伝えている」のではありません。

情報を伝えるとき、「言葉は7％だけだから」と、一生懸命ジェスチャーで伝えようとする人はいません。感情ではなく情報を伝えなければならないとき、非言語に逃げてはいけません。特に仕事では言葉で明確に伝えなければいけない。顧客に「察して」とは言えないし、言葉になっていないものを理解してもらうこともできません。

目標達成、マネジメント、プレゼンテーション、商品企画、ぼくらのビジネスのあらゆるシーンにおいて言葉で伝えることが求められています。言語化スキルはビジネスパーソン全員に求められている必須スキルです。

しかし、ぼくらはほとんど言語化スキルを磨くことをしてきませんでした。せっかく身につけた能力や自分の考えを伝えられずにいたのです。非常にもったいないことです。
これまでぼくらが培ってきたものを発揮するために必要なのは言語化スキルです。言語化する力を引き上げることで、目標達成、マネジメント、プレゼンテーション、商品企画、ぼくらのビジネスのあらゆるシーンの成果が確実に、そして格段に上がります。

言語化スキルは最強のビジネススキルです。そして本書で解説したように、言語化スキルはセンスやひらめきとは無縁です。誰でもトレーニングを積むことで身につけられるスキルです。

言葉にできれば、自分が手掛けているものの価値が伝わります。
言葉にできれば、取るべきアクションが見えてきます。
言葉にできれば、コミュニケーションのストレスが圧倒的に減ります。

あなたの頭の中が言葉になれば、部下の仕事の成果も飛躍的に向上します。

チームメンバーが言葉にできれば、やるべきことが明確になり、職場の無駄なストレスが減ります。

経営者が言葉にできれば、ブレないチームができあがります。

ぼくらに足りなかったのは言語化スキルでした。ぼくはこれからも言語化スキルを広める活動を続けていきます。

ぜひこれからも一緒に言語化に向き合っていきましょう。

2023年初夏
木暮太一

［著者］
木暮 太一（こぐれ・たいち）
作家・出版社経営者・言語化コンサルタント
中学校2年生の時から、わかりにくいことをわかりやすい言葉に変換することに異常な執着を持つ。学生時代には『資本論』を「言語化」し、解説書を作成。学内で爆発的なヒットを記録した。
ビジネスでも「本人は伝えているつもりでも、何も伝わっていない！」状況を多数目撃し、伝わらない言葉になってしまう真因と、どうすれば相手に伝わる言葉になるのかを研究し続けている。

企業経営者向けのビジネス言語化、出版コンテンツの言語化コンサルティング実績は、毎月100件以上、累計で1万件を超える。コンサルティング中に頭の中が言語化され「ずっと、それが言いたかったんです」と涙を流すクライアントも多数。
http://koguretaichi.com

すごい言語化
――「伝わる言葉」が一瞬でみつかる方法

2023年6月6日　第1刷発行
2024年9月13日　第7刷発行

著　者――木暮太一
発行所――ダイヤモンド社
〒150-8409　東京都渋谷区神宮前6-12-17
https://www.diamond.co.jp/
電話／03･5778･7233（編集）　03･5778･7240（販売）

ブックデザイン―山之口正和＋齋藤友貴（OKIKATA）
イラスト――髙柳浩太郎
ＤＴＰ―――桜井淳
校正――――鷗来堂
製作進行――ダイヤモンド・グラフィック社
印刷／製本―勇進印刷
編集担当――吉田瑞希

ISBN 978-4-478-11783-5